Quick Guide

Reihe herausgegeben von
Springer Fachmedien Wiesbaden
Wiesbaden, Deutschland

Quick Guides liefern schnell erschließbares, kompaktes und umsetzungsorientiertes Wissen. Leser erhalten mit den Quick Guides verlässliche Fachinformationen, um mitreden, fundiert entscheiden und direkt handeln zu können.

Christoph Straube

Quick Guide Projektfinanzierung für Immobilienentwickler

Wie Sie klassische und alternative Finanzierungsinstrumente strukturiert einsetzen

Christoph Straube
W&L AG
Bad Soden am Taunus, Deutschland

ISSN 2662-9240 ISSN 2662-9259 (electronic)
Quick Guide
ISBN 978-3-658-45846-1 ISBN 978-3-658-45847-8 (eBook)
https://doi.org/10.1007/978-3-658-45847-8

Die Deutsche Nationalbibliothek verzeichnet diese Publikation in der Deutschen Nationalbibliografie; detaillierte bibliografische Daten sind im Internet über https://portal.dnb.de abrufbar.

© Der/die Herausgeber bzw. der/die Autor(en), exklusiv lizenziert an Springer Fachmedien Wiesbaden GmbH, ein Teil von Springer Nature 2024

Das Werk einschließlich aller seiner Teile ist urheberrechtlich geschützt. Jede Verwertung, die nicht ausdrücklich vom Urheberrechtsgesetz zugelassen ist, bedarf der vorherigen Zustimmung des Verlags. Das gilt insbesondere für Vervielfältigungen, Bearbeitungen, Übersetzungen, Mikroverfilmungen und die Einspeicherung und Verarbeitung in elektronischen Systemen.
Die Wiedergabe von allgemein beschreibenden Bezeichnungen, Marken, Unternehmensnamen etc. in diesem Werk bedeutet nicht, dass diese frei durch jede Person benutzt werden dürfen. Die Berechtigung zur Benutzung unterliegt, auch ohne gesonderten Hinweis hierzu, den Regeln des Markenrechts. Die Rechte des/der jeweiligen Zeicheninhaber*in sind zu beachten.
Der Verlag, die Autor*innen und die Herausgeber*innen gehen davon aus, dass die Angaben und Informationen in diesem Werk zum Zeitpunkt der Veröffentlichung vollständig und korrekt sind. Weder der Verlag noch die Autor*innen oder die Herausgeber*innen übernehmen, ausdrücklich oder implizit, Gewähr für den Inhalt des Werkes, etwaige Fehler oder Äußerungen. Der Verlag bleibt im Hinblick auf geografische Zuordnungen und Gebietsbezeichnungen in veröffentlichten Karten und Institutionsadressen neutral.

Springer Gabler ist ein Imprint der eingetragenen Gesellschaft Springer Fachmedien Wiesbaden GmbH und ist ein Teil von Springer Nature.
Die Anschrift der Gesellschaft ist: Abraham-Lincoln-Str. 46, 65189 Wiesbaden, Germany

Wenn Sie dieses Produkt entsorgen, geben Sie das Papier bitte zum Recycling.

Inhaltsverzeichnis

1 **Herausforderungen bei der Immobilienfinanzierung** 1
  1.1 Steigende Volatilität und Unsicherheit auf den Finanzmärkten 2
  1.2 Stark verändertes Zinsumfeld 2
  1.3 Verschärfte regulatorische Anforderungen 3

2 **Verschiedene Bausteine einer Finanzierung** 7
  2.1 Eigenkapital 8
  2.2 Mezzanine 8
  2.3 Fremdkapital 10

3 **Die Rolle des Eigenkapitals bei der Immobilienfinanzierung** 13
  3.1 Welche Rolle spielt das Eigenkapital bei der Immobilienfinanzierung? 13
  3.2 Wie kann man das Eigenkapital ermitteln? 16
  3.3 Klassische Finanzierungsmöglichkeiten und ihre Grenzen 17
  3.4 Alternative Finanzierungslösungen gewinnen an Bedeutung 17

4 Die optimale Strukturierung der Finanzierung für Immobilienprojekte — 19
- 4.1 Diese Faktoren sollten bei der Strukturierung einer Finanzierung immer im Blick sein — 21
- 4.2 Der Leverage-Effekt bei der Immobilienfinanzierung — 22
- 4.3 Komplexität der Informationen erschwert Immobilienfinanzierung häufig — 23

5 Projektfinanzierung in Deutschland — 25
- 5.1 Was versteht man unter einer Projektfinanzierung für Immobilien? — 26
  - 5.1.1 Cash Flow related Lending — 27
  - 5.1.2 Off Balance Sheet-Finanzierung — 27
  - 5.1.3 Risikoteilung — 28
- 5.2 Was sind die Vor- und Nachteile einer Projektfinanzierung? — 28
- 5.3 Welche Projektfinanzierer gibt es in Deutschland — 29
  - 5.3.1 Die Cronbank als Projektfinanzierer — 29
  - 5.3.2 sarbery.capital — 30
  - 5.3.3 Meine Bank/Raiffeisenbank im Hochtaunus eG — 33
- 5.4 Ist eine Projektfinanzierung ohne Eigenkapital möglich? — 34

6 Die Bridge-Finanzierer in Deutschland — 35
- 6.1 Was ist eine Bridge-Finanzierung und wie funktioniert sie? — 36
- 6.2 Welche Sicherheiten können für eine Bridge-Finanzierung hinterlegt werden? — 37
- 6.3 Welche Vor- und Nachteile hat die Bridge-Finanzierung in Deutschland — 38
  - 6.3.1 Höhere Flexibilität bei Investitionen — 38
  - 6.3.2 Geringere Risiken bei der Finanzierung — 39
  - 6.3.3 Schnellere Verfügbarkeit von Kapital — 39
  - 6.3.4 Realisierung zeitkritischer Projekte: — 40

	6.3.5	Erhalt der Liquidität	40
	6.3.6	Höhere Kosten für die Finanzierung	40
	6.3.7	Kurzer Rückzahlungszeitraum	41
	6.3.8	Höhere Anforderungen an Sicherheiten	41
6.4	Bridge-Finanzierung vs. klassische Baufinanzierung: ein Vergleich		41
6.5	Welche Bridge-Finanzierer gibt es?		42
	6.5.1	Bridge Finanzierung mit Fiduciam	43
	6.5.2	Brückenfinanzierungen mit Marshall Hutton	44
	6.5.3	Finanzierungslösungen über den Emerald Mezzanine Fund	46
	6.5.4	Finanzierungslösungen mit der HFH Bridge Capital GmbH	46

7 Darlehensmöglichkeiten für Immobilieninvestitionen — 49

7.1 Hypothekendarlehen — 50
   7.1.1 Wer gewährt Hypothekendarlehen? — 50
   7.1.2 Wie funktioniert ein Hypothekendarlehen? — 51
   7.1.3 Welche Sicherheiten müssen bei einem Hypothekendarlehen heute hinterlegt werden? — 51
   7.1.4 Welche Rolle spielt das Eigenkapital bei einem Hypothekendarlehen? — 52
   7.1.5 Welche Vor- und Nachteile hat das Hypothekendarlehen bei der Immobilienfinanzierung? — 52

7.2 Privatkredite — 53
   7.2.1 Wer vergibt Privatkredite? — 54
   7.2.2 Wie funktionieren Privatkredite? — 54
   7.2.3 Welche Sicherheiten müssen bei einem Privatkredit heute hinterlegt werden? — 55
   7.2.4 Welche Rolle spielt das Eigenkapital bei einem Privatkredit? — 55
   7.2.5 Welche Vor- und Nachteile hat der Privatkredit bei der Immobilienfinanzierung? — 56

7.3	Crowdfunding und Peer-to-Peer- Lending (Crowdlending)	57
7.3.1	Wer kann am Immobilien-Crowdfunding teilnehmen?	57
7.3.2	Wie funktioniert das Crowdfunding für Immobilien?	58
7.3.3	Welche Immobilienarten eignen sich für eine Crowndfunding-Finanzierung?	59
7.3.4	Welche Rolle spielt das Eigenkapital beim Crowdfunding?	59
7.3.5	Der Unterschied zwischen Crowdfunding und Crowdlending?	60
7.3.6	Welche Vor- und Nachteile hat das Hypothekendarlehen bei der Immobilienfinanzierung?	61
7.3.7	Welche Risiken sind mit einem Immobilien-Crowdfunding verbunden?	64
7.4	Verkäuferfinanzierung von Immobilien	64
7.4.1	Wie funktioniert eine Verkäuferfinanzierung?	64
7.4.2	In welchen Fällen macht ein Verkäuferdarlehen Sinn?	65
7.4.3	Welche Vor- und Nachteile hat die Verkäuferfinanzierung von Immobilien?	66
7.5	Immobilienfinanzierung über Nachrangdarlehen	67
7.5.1	Was ist ein Nachrangdarlehen?	67
7.5.2	Das ist der entscheidende Unterschied zwischen einem erstrangingen und einem nachrangigen Darlehen	68
7.5.3	Eine Sonderform ist das partiarische Nachrangdarlehen	69
7.5.4	Wer sind die Kreditgeber bei einem Nachrangdarlehen?	69
7.5.5	Welche Rolle spielt das Eigenkapital bei der Nachrangfinanzierung?	70

7.5.6	Das sind die Besonderheiten einer Nachrangfinanzierung	71
7.5.7	Welche Vor- und Nachteile hat eine Nachrangfinanzierung für Projektentwickler?	71

8 Immobilienfinanzierung durch Partnerschaften und Beteiligungen — 73

- 8.1 Joint Ventures — 73
  - 8.1.1 Es gibt verschiedene Arten von Joint Ventures — 74
  - 8.1.2 Equity Joint Ventures: Gründung einer rechtlich selbstständigen Gesellschaft — 75
  - 8.1.3 Wie funktionieren Joint Ventures in der Praxis — 76
  - 8.1.4 Wie können Projektentwickler von Joint Ventures profitieren? — 77
  - 8.1.5 Auch die Risiken von Joint Ventures sollten betrachtet werden — 79
  - 8.1.6 Syndikate — 80
  - 8.1.7 Mietshäuser Syndikat: Wenn Mieter ihre Häuser vor Investoren retten — 81
- 8.2 Investorenfinanzierung — 83
  - 8.2.1 Investorenfinanzierung in der Praxis — 83
  - 8.2.2 Vor- und Nachteile einer Investorenfinanzierung — 84
- 8.3 Immobilienfinanzierung durch Private-Equity-Firmen — 85
  - 8.3.1 Wie funktioniert eine Private-Equity-Finanzierung? — 85
  - 8.3.2 Wann kommt diese Form der Gemeinschaftsfinanzierung in der Praxis zum Tragen? — 86
  - 8.3.3 Die Funktion der Private Equity Fonds — 86
  - 8.3.4 Typische Private Equity Investoren — 87
- 8.4 Institutionelle Investoren für Immobilienvorhaben — 87
  - 8.4.1 Warum sind Immobilien für institutionelle Investoren so interessant — 87
  - 8.4.2 Das Portfolio für institutionelle Investoren ist groß — 88
  - 8.4.3 Verschiedene Investment-Möglichkeiten für institutionelle Investoren — 89

9 Kreative Finanzierungslösungen für die Immobilienfinanzierung — 91
- 9.1 Mietkauf von Immobilien — 91
  - 9.1.1 Wie funktioniert der Mietkauf? — 92
  - 9.1.2 Die zwei verschiedenen Modelle für den Mietkauf in Deutschland — 92
  - 9.1.3 Vor- und Nachteile eines Mietkaufs — 93
  - 9.1.4 Was ist der Unterschied zwischen einem Mietkauf und der Finanzierung? — 95
- 9.2 Immobilienleasing als kreative Finanzierungslösung — 95
  - 9.2.1 Wie funktioniert das Immobilienleasing in der Praxis? — 96
  - 9.2.2 Immobilie mieten vs. leasen: Das sind die Unterschiede — 96
  - 9.2.3 Was sind die Vor- und Nachteile des Immobilienleasings — 97
- 9.3 Stille Teilhaberschaft bei Immobilienvorhaben — 98
  - 9.3.1 Wie funktioniert die stille Teilhaberschaft? — 98
  - 9.3.2 Eine stille Beteiligung hat Vor- und Nachteile — 99
  - 9.3.3 Immobilienfinanzierung über Förderungen und Zuschüsse — 100

10 Alternative Sicherheiten und Absicherungen bei der Immobilienfinanzierung — 103
- 10.1 Sicherheiten aus den eigenen Vermögenswerten — 104
- 10.2 Unkonventionelle Formen der Absicherung — 105

11 Bewertung der Risiken und Vorsichtsmaßnahmen bei der Immobilienfinanzierung — 107
- 11.1 Bewertung der Risiken bei alternativen Finanzierungsmethoden — 108
- 11.2 Due Diligence und vertragliche Absicherung bei der Immobilienfinanzierung — 108

Schluss — 111

Über den Autor

Christoph Straube ist Gründer und Vorstand der W&L AG und hat das Immobiliengeschäft von der Pike auf entlang der gesamten Wertschöpfungskette gelernt. Als zukunftsweisender und nachhaltig agierender Immobilien-Projektentwickler mit Fokus auf Grundstücksentwicklung in Deutschland etablierte sich sein Unternehmen über zahlreiche erfolgreich umgesetzte Projekte.

Die Restrukturierung mit Brandschutz-Problemen belasteten, großen Gebäuden mit über 100 Wohneinheiten und die Sanierungen von schadstoffbelastenden Grundstücken, die brach liegen, ist unter anderem eine Spezialität der W&L AG. Mit über einer Millionen an- und verkauft, sowie entwickelten Quadratmetern lässt der Trackrecord der W&L AG keine Fragen offen.

1
Herausforderungen bei der Immobilienfinanzierung

> **Was Sie aus diesem Kapitel mitnehmen**
> - Warum sich die Finanzierungsmöglichkeiten für Immobilien verändern
> - Welche regulatorischen Anforderungen es für die Immobilienfinanzierung gibt
> - Die Auswirkungen von Basel IV auf die Immobilienfinanzierung

Die Welt der Immobilienfinanzierung ist dynamisch und unterliegt ständigen Veränderungen, die durch verschiedene Faktoren beeinflusst werden. In den letzten Jahren haben sich besonders drei Schlüsselfaktoren als maßgeblich für die Branche erwiesen: die steigende Volatilität und Unsicherheit auf den Finanzmärkten, das stark veränderte Zinsumfeld sowie die sich wandelnde regulatorische Landschaft. Darüber hinaus gibt es aber noch weitere Herausforderungen, denen sich Investoren und Immobilienfinanzierer stellen müssen.

1.1 Steigende Volatilität und Unsicherheit auf den Finanzmärkten

Die zunehmende Volatilität und Unsicherheit auf den Finanzmärkten hat einen direkten Einfluss auf die Immobilienpreise. In unsicheren wirtschaftlichen Zeiten neigen Investoren dazu, sich vermehrt in sichere Anlagen zu flüchten, was zu Schwankungen in der Nachfrage nach Immobilien führen kann. Dies wiederum kann zu einer Preisvolatilität führen, wodurch die Planung und Bewertung von Immobilieninvestitionen erschwert wird. In diesem Kontext ist es für angehende Immobilieninvestoren entscheidend, die Zusammenhänge zwischen Finanzmärkten und Immobilienpreisen zu verstehen und ihre Strategien entsprechend anzupassen.

Die oft unvorhersehbaren Abweichungen der Marktpreise vom erwarteten Preisniveau gehen oft Hand in Hand mit einer Erhöhung der Risikoprämien und Zinssätze. Dies wiederum kann die Kreditkonditionen für Immobilienfinanzierungen beeinflussen. Banken und Finanzinstitute werden in unsicheren Zeiten oft vorsichtiger und passen ihre Kreditrichtlinien an. Dadurch wiederum steigen die Anforderungen an das Eigenkapital, es gibt strengeren Bonitätsprüfungen und insgesamt restriktivere Bedingungen. Immobilieninvestoren müssen diese Risiken verstehen und ihre Finanzierungsstrategien entsprechend gestalten, um mögliche negative Auswirkungen auf ihre Finanzierung zu minimieren.

1.2 Stark verändertes Zinsumfeld

Weltweit haben Zentralbanken auf die überdurchschnittliche Inflation in den Jahren 2022 und 2023 mit Zinserhöhungen reagiert, und es wird erwartet, dass weitere folgen. Diese Anpassungen, nach vielen Jahren mit Zinssätzen nahe null Prozent, hinterlassen ihre Spuren, die sämtliche Aspekte der Immobilienkapitalmärkte betreffen. Sie trüben die kurzfristigen Perspektiven stärker ein als in den vergangenen zehn Jahren.

Die Zinserhöhungen und die resultierende Unsicherheit an den Kapitalmärkten zwingen Banken dazu, potenzielle Risiken zu minimieren und ihre Kreditvergabe restriktiver zu gestalten. Die Immobilienbranche sieht sich in Anbetracht dieser Entwicklungen einer möglichen Kreditklemme gegenüber. Diese Umstände eröffnen andererseits Möglichkeiten für alternative Kreditgeber. Private Kreditgeber können dort einspringen, wo Banken momentan zögern, und möglicherweise attraktive, risikobereinigte Renditen durch die Vergabe von Krediten an Betreiber hochwertiger Immobilien und Anlagen erzielen.

Aktuell wird es insbesondere für Projektentwickler sowie Investoren anspruchsvoller, angemessene Finanzierungsmöglichkeiten für ihre Projekte zu finden. Eine zusätzliche Herausforderung ergibt sich aus der veränderten regulatorischen Landschaft. Für Kerninvestoren, insbesondere Pensionsfonds und Versicherungsgesellschaften, haben die Zinserhöhungen die Attraktivität von direkten Investitionen in Immobilien im Vergleich zu anderen Anlageklassen, besonders festverzinslichen Anlagen, gemindert.

1.3 Verschärfte regulatorische Anforderungen

Verschärfte Vorschriften haben dazu geführt, dass Banken und andere Finanzinstitute bei der Kreditvergabe vorsichtiger geworden sind und ihre Kreditstandards angezogen haben. Dies betrifft besonders Kredite für risikoreiche Immobilienprojekte. Zudem haben regulatorische Anforderungen wie Basel IV die Eigenkapitalanforderungen für Banken erheblich erhöht, was wiederum ihre Bereitschaft beeinträchtigt, Immobilienkredite zu gewähren.

Diese gestiegenen regulatorischen Hürden erschweren es Kreditnehmern, passende Finanzierungsmöglichkeiten zu finden.

Was ist Basel IV und welche Auswirkungen hat es auf die Immobilienfinanzierung?
Basel IV ist eine Weiterentwicklung der internationalen Bankenregulierung und eine Aktualisierung des bestehenden Basel-III-Frameworks. Es wurde von der Bank für Internationalen Zahlungsausgleich (BIZ)

entwickelt, einer internationalen Organisation von Zentralbanken, die sich als Aufgabe gesetzt hat, die Stabilität des internationalen Finanzsystems zu fördern.

Die wichtigsten Ziele von Basel IV sind eine bessere Risikoregulierung, die Schließung von Regelungslücken, eine konsistentere Anwendung der Vorschriften und eine Erhöhung der Transparenz der Bankenaktivitäten. Es besteht aus einer Reihe von Änderungen und Ergänzungen, die verschiedene Bereiche der Bankregulierung betreffen. Dazu gehört neben dem Eigenkapital auch die Risikogewichtung von Vermögenswerten und die Offenlegung von Informationen.

Die Auswirkungen von Basel IV auf die Immobilienfinanzierung sind vielfältig
- Erhöhte Eigenkapitalanforderungen: Basel IV erhöht die Anforderungen an das Eigenkapital der Banken. Dies kann dazu führen, dass Banken weniger Spielraum für die Vergabe von Krediten haben. Höhere Eigenkapitalanforderungen können auch zu steigenden Kreditzinsen führen.
- Veränderte Risikogewichtung: Basel IV führt zu Anpassungen in der Risikogewichtung von Vermögenswerten. Dies könnte Auswirkungen auf die Klassifizierung von Immobilienkrediten haben und somit die Kosten der Kreditvergabe beeinflussen.
- Kreditvergabepraktiken und -standards: Aufgrund der strengeren Regulierung könnten Banken dazu neigen, ihre Kreditvergabepraktiken zu überdenken und Kreditstandards zu verschärfen. Dies kann die Verfügbarkeit von Finanzierungen für Immobilienprojekte beeinträchtigen, insbesondere wenn sie als risikoreich eingestuft werden.
- Stabilität des Finanzsystems: Basel IV zielt darauf ab, die Stabilität des Finanzsystems zu verbessern. Dies könnte langfristig zu einem robusteren Bankensektor führen, was wiederum die Gesamtstabilität der Immobilienfinanzierung unterstützen könnte.

1 Herausforderungen bei der Immobilienfinanzierung

Ihr Transfer in die Praxis
- Drei Schlüsselfaktoren verändern die Immobilienfinanzierung: Volatilität, veränderte Zinsbedingungen und die regulatorische Landschaft
- Investoren sollten sich mit den daraus resultierenden Risiken intensiv auseinandersetzen
- Banken gehen weniger Risiken bei der Kreditvergabe ein
- Dadurch setzen sich zunehmend alternative Kreditgeber durch
- Basel IV als internationale Bankenregulierung stellt höhere Eigenkapitalanforderungen

2
Verschiedene Bausteine einer Finanzierung

> **Was Sie aus diesem Kapitel mitnehmen**
> - Welche unterschiedlichen Finanzierungsbausteine es für eine Immobilienfinanzierung gibt
> - Den Unterschied zwischen Fremdkapital, Eigenkapital und Mezzanine-Kapital
> - Eine Gegenüberstellung der verschiedenen Bausteine der Immobilienfinanzierung

Insgesamt lassen sich drei Bausteine einer Finanzierung unterscheiden: das Eigenkapital, das Fremdkapital und das Mezzanine-Kapital. Es lohnt sich an dieser Stelle, einen tieferen Blick auf diese Finanzierungsbausteine zu werfen und ihre Bedeutung für die Immobilienfinanzierung zu erläutern.

2.1 Eigenkapital

Eigenkapital kann ohne externe Zustimmung verwendet werden. Im Gegensatz zu traditionellem Fremdkapital und Mezzanine-Finanzierung ist es nicht notwendig, Dritte von der Rentabilität eines Projekts zu überzeugen. Diese Unabhängigkeit ermöglicht es einerseits, Projekte in speziellen Nischenmärkten umzusetzen, die für traditionelle Kreditgeber möglicherweise zu risikoreich sind. Andererseits besteht ohne diesen „Filtermechanismus" die potenzielle Gefahr, Projekte zu entwickeln, die am Markt nicht erfolgreich sind – falls kein Geldgeber von der Sinnhaftigkeit einer Investition überzeugt werden kann, sollte die Ursache dafür sorgfältig analysiert werden.

Obwohl Eigenkapital als die kostenintensivste Finanzierungsmethode betrachtet wird, werden die Renditen aus den erzielten Gewinnen generiert, wodurch keine liquiditätswirksamen Zinsverpflichtungen entstehen. Dies ist besonders wichtig bei Projekten mit unsicheren Laufzeiten, wie zum Beispiel in Bebauungsplanverfahren.

Im nachfolgenden Kapital wird noch einmal auf die Bedeutung des Eigenkapitals bei der Immobilienfinanzierung eingegangen.

2.2 Mezzanine

Da sich Mezzanine-Kapital zwischen den Extremen von Eigen- und Fremdkapital bewegt – was sich auch in der wörtlichen Übersetzung aus dem Italienischen als „Zwischengeschoss" zeigt –, und je nach Ausgestaltung sowohl Eigenschaften von Eigen- als auch Fremdkapital annehmen kann, gilt Mezzanine als die komplexeste Kapitalform. Unabhängig von der spezifischen Struktur bleibt die Funktion von Mezzanine jedoch gleich: Es schließt die Finanzierungslücke, die weder von der Bank finanziert werden möchte noch vom Darlehensnehmer finanziert werden kann oder will.

Diese Konditionen gelten für Mezzanine üblicherweise

Die Möglichkeiten zur Gestaltung von Mezzanine-Darlehen sind praktisch grenzenlos, was pauschale Beschreibungen erschwert. Gemeinsam ist allen rational strukturierten Mezzanine-Tranchen lediglich, dass sie schlechter besichert und höher verzinst sind als erstklassiges Fremdkapital, jedoch besser besichert und weniger renditestark als Eigenkapital innerhalb desselben Projekts. In der Praxis bewegen sich die meisten Mezzanine-Darlehen in einem Zinsspektrum von 6–15 % p.a., wobei zweistellige Zinssätze üblich sind. Der Zinssatz kann entweder fix sein oder mit einem „Equity-Kicker" verbunden sein, der eine Gewinnbeteiligung beinhaltet.

In der Regel erstrecken sich die Laufzeiten von Mezzanine-Tranchen von sechs Monaten bis zu drei Jahren. Aufgrund dieser vergleichsweise kurzen Zeitspanne ist die Rückzahlung einer Mezzanine-Finanzierung normalerweise nur durch den Verkauf des Objekts oder eine Refinanzierung möglich. Daher spielt Mezzanine außerhalb einer Projektentwicklung eher eine geringere Rolle.

Folgende Gruppen und Netzwerke stellen Mezzanine-Kapital frei
In den letzten Jahren haben die verlockenden Renditen, die mit Mezzanine-Kapital erzielt werden können, sowie das Fehlen alternativer Anlagemöglichkeiten neue Kapitalgeber dazu veranlasst, in den Markt einzutreten. Zu den etablierten Beteiligten gehören nun folgende Gruppen von Investoren und Vermittlern.

- Banken & Versicherungen: Obwohl die Vergabe von Mezzanine-Kapital nicht zum traditionellen Bankgeschäft gehört, bedienen einige Institute diese exponentielle Nachfrage durch spezialisierte Tochtergesellschaften. Diese arbeiten entweder eng mit der Bank zusammen oder agieren bewusst unabhängig, um Interessenkonflikte zu vermeiden. Versicherungen, Versorgungswerke und Pensionskassen verwalten und investieren die Beiträge ihrer Kunden für Versicherungen und Altersvorsorge. Die Vergabe von Mezzanine-Kapital dient der Diversifizierung der Anlageportfolios und nicht als eigenständiger Geschäftsbereich wie bei Banken.
- Debt Fonds: Diese Fonds investieren die ihnen anvertrauten Gelder gemäß ihrer Anlagestrategien in verschiedene Arten von Darlehen, einschließlich Mezzanine. Der Investorenkreis besteht hauptsächlich

aus Pensionskassen, Stiftungen und anderen Institutionen, die aufgrund fehlender Fachkenntnisse oder Ressourcen keine direkten Investitionen tätigen können.

- Vermögensverwalter: Spezialisierte Vermögensverwalter agieren auf dem Markt als Vermittler zwischen den Projektentwicklern und ihren wohlhabenden Kunden. Sie sprechen dann Empfehlungen aus und bringen beide Seiten zusammen.
- Stiftungen & Crowdfunding: Stiftungen verwalten eigene Vermögen, deren Erträge einem vom Stifter festgelegten Zweck dienen sollen. Auch über Crowdfunding-Plattformen werden Mezzanine-Beteiligungen digital einer breiten Masse von Kleininvestoren angeboten. Die Plattformbetreiber übernehmen dabei die Projektprüfung sowie die technische Abwicklung von Zahlungen und Verträgen.

Daneben gibt es noch eine Reihe weiterer Optionen, Mezzanine-Kapital freizustellen, beispielsweise über vermögende Privatpersonen und Familien.

2.3 Fremdkapital

Fremdkapital umfasst hier geliehenes Kapital, das durch die erstmalige Eintragung einer Grundschuld im Grundbuch rechtlich abgesichert ist. Typische Fremdkapitalgeber in diesem Zusammenhang sind Banken und Versicherungen.

Die Höhe der Beleihung wird entweder als Prozentsatz des Objektwerts (Loan-to-Value, LTV) oder der Projektkosten (Loan-to-Cost, LTC) festgelegt. Da Fremdkapitalgeber in der Regel nicht die gesamten Kosten eines Projekts finanzieren, besteht in der Regel auch dann die Möglichkeit einer vollständigen Rückzahlung des Darlehens, wenn das Projekt nicht die erwarteten wirtschaftlichen Ergebnisse erzielt.

Aufgrund der hohen Sicherheit ist Fremdkapital oft die kostengünstigste Quelle für Kapital. Darüber hinaus steht der Zugang zu relevanten Ansprechpartnern, wie etwa Volksbanken und Sparkassen, grundsätzlich jedem offen.

2 Verschiedene Bausteine einer Finanzierung

Ihr Transfer in die Praxis
- Eigenkapital ist der wichtigste Baustein einer klassischen Bankenfinanzierung
- Mit Mezzanine-Kapital wird eine hohe Flexibilität in der Finanzierung erreicht
- Fremdkapital ist eine besonders kostengünstige Kapitalquelle

3

Die Rolle des Eigenkapitals bei der Immobilienfinanzierung

> **Was Sie aus diesem Kapitel mitnehmen**
> - Warum sich die Finanzierungsmöglichkeiten für Immobilien verändern
> - Welche regulatorischen Anforderungen es für die Immobilienfinanzierung gibt
> - Die Auswirkungen von Basel IV auf die Immobilienfinanzierung

Von den genannten Entwicklungen im Bereich der Immobilienfinanzierung sind Investoren auch im Hinblick auf die Beschaffung von Eigenkapital betroffen

3.1 Welche Rolle spielt das Eigenkapital bei der Immobilienfinanzierung?

Eigenkapital zählt bis heute noch immer zu den wichtigsten Komponenten der Immobilienfinanzierung. Dabei stellt sich zunächst die Frage: Was gehört denn alles zum Eigenkapital?

Private Investoren können folgendes Eigenkapital in eine Immobilienfinanzierung einbringen:
- *Bargeld:* Die klassische Form des Eigenkapitals ist Bargeld, das auf Konten liegt.
- *Bausparguthaben (Eigenanteil):* Die Eigenkapitaleinlagen der Investoren aus Bausparguthaben können als Eigenanteil für die Finanzierung des Immobilienprojekts verwendet werden.
- *Lebensversicherungen:* Lebensversicherungen zählen als Eigenkapital für Immobilieninvestitionen.
- *Aktien, Investmentfonds, Wertpapiere:* Investitionen in Aktien, Investmentfonds oder andere Wertpapiere gelten ebenfalls als Eigenkapital für Immobilienprojekte.
- *Immobilien:* Bereits vorhandene Immobilien, die als Eigenkapital eingebracht werden, um neue Immobilienprojekte zu finanzieren oder als Sicherheiten für Fremdfinanzierungen dienen.
- *Baugrundstück (bereits bezahlt):* Ein bereits bezahltes Baugrundstück kann ebenfalls die Summe des Eigenkapitals erhöhen und als Sicherheit für Fremdfinanzierungen dienen.
- *Eigenkapital durch Eigenleistung:* Investoren können auch Eigenkapital durch ihre eigene Arbeitsleistung oder durch die Bereitstellung von Dienstleistungen oder Ressourcen für das Immobilienprojekt einbringen. Dies kann beispielsweise in Form von Planungs- und Entwicklungsarbeit, Renovierungsarbeiten oder anderen Arten von Eigenleistungen erfolgen.
- *Beteiligung an Eigenkapitalfonds:* Investoren können sich an Eigenkapitalfonds beteiligen, die speziell für Immobilieninvestitionen aufgelegt wurden. Diese Fonds sammeln Kapital von verschiedenen Investoren ein und investieren es in Immobilienprojekte. Die Beteiligung an solchen Fonds stellt eine Form der Investition in Immobilien-Eigenkapital dar.
- *Beteiligung an Immobilien-Partnerschaften oder Joint Ventures:* Investoren können sich direkt an Immobilienpartnerschaften oder Joint Ventures beteiligen, bei denen mehrere Parteien zusammenkommen, um ein Immobilienprojekt zu finanzieren und zu entwickeln. Die Investoren bringen ihr Eigenkapital als Teil der Gesamtfinanzierung des Projekts ein.

3 Die Rolle des Eigenkapitals bei der Immobilienfinanzierung 15

- *Eigenkapital aus Fremdfinanzierung oder Kreditlinien*: In einigen Fällen können Investoren Eigenkapital aus Fremdfinanzierungen oder Kreditlinien einbringen, um ihren Anteil an einem Immobilienprojekt zu finanzieren. Diese Mittel werden zwar extern aufgenommen, stellen aber dennoch eine Form von Eigenkapital dar, da sie zur Finanzierung der Beteiligung des Investors am Projekt verwendet werden.
- *Reinvestierte Gewinne*: Private Investoren können ihre Gewinne aus früheren Immobilieninvestitionen reinvestieren und sie als Eigenkapital für neue Projekte verwenden. Diese reinvestierten Gewinne tragen dazu bei, das Eigenkapital des Investors weiter zu erhöhen und seine Beteiligung an zukünftigen Immobilienprojekten zu finanzieren.

Als Eigenkapital bei Unternehmen können folgende Ressourcen gezählt werden

- *Eigenkapitaleinlagen der Eigentümer*: Dies sind die ursprünglichen Investitionen der Eigentümer oder Gesellschafter in Form von Bargeld, Grundstücken, Gebäuden oder anderen Vermögenswerten, die zur Gründung oder Finanzierung des Immobilienprojekts beitragen.
- *Stammkapital*: Stammkapital bezieht sich auf das Eigenkapital, das von den Anteilseignern einer Gesellschaft durch den Kauf von Aktien eingezahlt wird. In Immobilienunternehmen können Aktien als Mittel zur Kapitalbeschaffung ausgegeben werden, um das Eigenkapital zu erhöhen.
- *Gewinnrücklagen*: Gewinnrücklagen entstehen aus den kumulierten Gewinnen, die ein Unternehmen im Laufe der Zeit erwirtschaftet hat und die nicht als Dividenden an die Eigentümer ausgeschüttet wurden. Diese Rücklagen werden als Teil des Eigenkapitals ausgewiesen und können für zukünftige Investitionen oder zur Stärkung der Bilanz verwendet werden.
- *Gesetzliche Rücklagen*: Gesetzliche Rücklagen sind vom Gesetzgeber vorgeschriebene Reserven, die ein Unternehmen aus seinen Gewinnen bilden muss, um bestimmte Risiken abzudecken oder die finanzielle Stabilität der Firma zu gewährleisten. Diese Rücklagen werden ebenfalls als Teil des Eigenkapitals betrachtet.
- *Kapitalrücklagen*: Kapitalrücklagen entstehen aus Kapitalerhöhungen oder anderen Transaktionen, die das Eigenkapital eines Unternehmens

erhöhen, ohne dass neue Anteile ausgegeben werden. Dazu können beispielsweise Aufgelder bei der Ausgabe neuer Aktien oder Umwandlungsprämien gehören.

- *Nicht-ausgeschüttete Gewinne*: Nicht-ausgeschüttete Gewinne sind Gewinne, die ein Unternehmen erwirtschaftet hat, aber nicht als Dividenden an die Eigentümer ausgeschüttet wurden. Diese Gewinne bleiben im Unternehmen und stärken das Eigenkapital.

Es gibt noch einige andere Arten von Kapital, das als Eigenkapital bei der Immobilienfinanzierung gewertet wird. Dazu zählen beispielsweise Wandelschuldverschreibungen, Genussrechte oder Vorzugsaktien.

3.2 Wie kann man das Eigenkapital ermitteln?

Bei der Planung eines Immobilienprojektes sollte schon früh Klarheit darüber herrschen, wie viel Eigenkapital überhaupt vorhanden ist. Das Eigenkapital eines Unternehmens kann direkt aus der Bilanz abgeleitet werden. Es wird als Differenz zwischen den Aktiva und den Verbindlichkeiten des Unternehmens berechnet. Die Formel lautet: Eigenkapital = Aktiva − Verbindlichkeiten. Ein Unternehmen kann auch eine Eigenkapitalrechnung erstellen, die detailliert die verschiedenen Bestandteile des Eigenkapitals auflistet, einschließlich Stammkapital, Gewinnrücklagen, Kapitalrücklagen usw.

Investoren können ihr Eigenkapital aus den tatsächlichen Einlagen berechnen, die sie direkt in ein Immobilienprojekt eingebracht haben. Dazu gehören wie bereits aufgeschlüsselt Bargeld, Eigenleistungen oder andere liquide Mittel, die sie zur Finanzierung des Projekts beigetragen haben. Auch der Wert bereits vorhandener Immobilien, Wertpapiere oder anderen Anlagen fließen in die Ermittlung des Eigenkapitals mit ein. Bei sehr komplexen Finanzierungsstrukturen oder sehr großen Immobilienportfolios sollte in jedem Fall ein Finanzexperte oder Buchhalter konsultiert werden, um das Eigenkapital genau zu ermitteln und zu bewerten.

3.3 Klassische Finanzierungsmöglichkeiten und ihre Grenzen

Eine klassische Finanzierung setzt sich aus einem entsprechenden Eigenkapital und einer Bankfinanzierung zusammen. Allerdings wird diese Form der Immobilienfinanzierung immer schwerer. Die Gründe dafür wurden bereits im Kapitel über die aktuellen Herausforderungen bei der Immobilienfinanzierung benannt und werden hier nur nochmal kurz zusammengefasst.

Nach der Finanzkrise von 2008 haben viele Banken und Kreditgeber ihre Kreditvergabestandards verschärft. Sie sind vorsichtiger geworden und verlangen oft höhere Bonitätsanforderungen und größere Eigenkapitalbeteiligungen von Kreditnehmern, die diese nicht mehr aufbringen können. Niedrige Zinsen führen dazu, dass es für Banken weniger lukrativ ist, Kredite zu vergeben. Durch die steigenden Zinsen war es wiederum den Investoren und Projektentwicklern erschwert, entsprechende Kredite zu bekommen. Regulatorische Anforderungen und die wachsende wirtschaftliche Unsicherheit tun bereits ihr Übriges.

3.4 Alternative Finanzierungslösungen gewinnen an Bedeutung

Mit Blick auf diese Entwicklung müssen Projektentwickler zunehmend nach Alternativen zur klassischen Bankfinanzierung suchen. Das kann entscheidende Vorteile mit sich bringen. Alternative Finanzierungsmethoden bieten oft mehr Flexibilität als traditionelle Bankkredite, die an strenge Regularien geknüpft sind. Sie können auf die spezifischen Bedürfnisse und Umstände der Kreditnehmer zugeschnitten werden, um eine für sie maßgeschneiderte Finanzierungslösung zu finden.

Alternative Immobilienfinanzierungen öffnen den Immobilienmarkt für neue Investoren, die vorab keinen Zugang zu den traditionellen Bankkrediten hatten, weil beispielsweise ihr Eigenkapital begrenzt war. Viele alternative Finanzierungsmethoden ermöglichen eine schnellere Abwicklung als traditionelle Bankkredite, die erst lange förmlich beantragt und begründet werden müssen. Dies kann insbesondere für Immobilieninvestoren wichtig sein, die zeitkritische Geschäfte tätigen müssen oder schnell auf Marktchancen reagieren wollen.

Die Verbreitung von Technologien wie Blockchain und Crowdfunding hat neue Möglichkeiten für die Finanzierung von Immobilienprojekten eröffnet. Diese Technologien können Transaktionen effizienter gestalten und die Kosten senken, was sie zu attraktiven Instrumenten für Investoren macht.

Schlussendlich führt die Nutzung verschiedener Finanzierungsmethoden als Alternative zum herkömmlichen Bankkredit dazu, dass Investoren ihr Risiko diversifizieren und ihre Anlagestrategien anpassen. Dies kann dazu beitragen, die Auswirkungen von Marktschwankungen zu verringern.

Alternative Finanzierungskonzepte bieten eine Lösung im Spiel mit den Banken und das Buhlen um traditionelle Bankkredite an. Diese Strategien können Investoren und Projektentwickler dabei unterstützen, die Liquidität des Immobilienmarktes zu erhöhen, den Zugang zu Kapital zu erleichtern und die Finanzierung von Immobilienprojekten zugänglicher zu machen.

> **Ihr Transfer in die Praxis**
> - Zum Eigenkapital zählen neben dem Bargeld zum Beispiel auch Eigenleistungen, Lebensversicherungen, Baugrundstücke oder Joint Ventures
> - Klassische Bankfinanzierung stoßen durch die aktuellen Entwicklungen in Bezug auf die Zinsen und regulatorische Anforderungen an ihre Grenzen
> - Dadurch gewinnen alternative Finanzierungslösungen an Bedeutung
> - Die Finanzierungsalternativen bringen entscheidende Vorteile mit wie Unabhängigkeit von Banken und die Diversifizierung und Risikominimierung von Finanzierungslösungen

4
Die optimale Strukturierung der Finanzierung für Immobilienprojekte

> **Was Sie aus diesem Kapitel mitnehmen**
> - Wie eine optimale Strukturierung der Immobilienfinanzierung aussieht
> - Welche Herausforderungen dabei zu meistern sind
> - Welche Faktoren bei der Immobilienfinanzierung immer im Blick sein müssen
> - Warum es so wichtig ist, auf aktuelle Informationen bei der Strukturierung der Immobilienfinanzierung zurückzugreifen

Bei der Strukturierung einer Projektfinanzierung liegt der Fokus aus der Sicht des Darlehensnehmers auf der sorgfältigen Auswahl von Vertragspartnern und Vertragsinhalten, die die Gesamtfinanzierung des Vorhabens gewährleisten und den Bedürfnissen des Darlehensnehmers bestmöglich entsprechen. Hierzu sind vier wesentliche Arbeitsschritte erforderlich:

- **Ermittlung des Kapitalbedarfs**: Es ist wichtig, den finanziellen Bedarf des Projekts genau zu bestimmen, um sicherzustellen, dass ausreichend Mittel zur Verfügung stehen.

- **Definition praktikabler Sicherungsmechanismen**: Es müssen geeignete Sicherheitsvorkehrungen getroffen werden, um Risiken zu minimieren und die Interessen aller Beteiligten zu schützen.
- **Definition einer Rückführungsstrategie**: Eine klare Strategie zur Rückzahlung der Finanzierungsmittel muss entwickelt werden, um die langfristige finanzielle Stabilität des Projekts zu gewährleisten.
- **Auswahl der Kapitalgeber**: Die Auswahl der richtigen Finanzierungspartner ist entscheidend und sollte sorgfältig erfolgen. Dadurch steht das Immobilienprojekt auf einem soliden Fundament. Die Bedürfnisse des Darlehensnehmers müssen bestmöglich erfüllt werden.

Die genauen Anforderungen des Darlehensnehmers können sehr individuell sein, aber sie setzen sich in der Regel aus einer Kombination der folgenden Anforderungen zusammen:

- **Schonung des Eigenkapitals**: Wenn Eigenkapital begrenzt ist, sollte dessen Einsatz auf Projektebene minimiert werden, möglicherweise durch die Nutzung nachrangiger Finanzierungsquellen.
- **Geschwindigkeit**: Besonders bei der Ankaufsfinanzierung ist eine schnelle Kapitalbereitstellung entscheidend, um im Wettbewerb zu bestehen.
- **Minimierung der Kapitalkosten**: Das Ziel ist es, die Kosten der Finanzierung so gering wie möglich zu halten, unter Berücksichtigung aller relevanten Gebühren und Zinsen.
- **Flexibilität**: Die Finanzierungsverträge sollten ausreichend flexibel gestaltet sein, um unvorhergesehene Entwicklungen zu bewältigen und eine reibungslose Projektfortführung zu ermöglichen.
- **Vermeidung von Konfliktpotenzialen**: Bei der Einbindung externer Kapitalgeber müssen die Erwartungen und Interessen aller Parteien abgestimmt werden, insbesondere bei der Kombination verschiedener Finanzierungsmittel.
- **Ausschluss von Haftung**: Im Falle eines Projektmisserfolgs sollten die wirtschaftlichen Folgen möglichst auf die Projektgesellschaft beschränkt werden, wobei verschiedene Haftungsausschlussmodelle in Betracht gezogen werden können.

Diese Anforderungen stehen oft im Konflikt zueinander und erfordern eine sorgfältige Abwägung und Priorisierung entsprechend der spezifischen Situation des Projekts.

4.1 Diese Faktoren sollten bei der Strukturierung einer Finanzierung immer im Blick sein

Die Finanzierung eines Immobilienkaufs muss immer individuell auf das jeweilige Objekt zugeschnitten sein. Dennoch gibt es grundlegende Faktoren, die für jede Immobilienfinanzierung relevant sind.

Ein wichtiger Aspekt ist es, die Kaufneben realistisch einzuschätzen. Kaufnebenkosten wie Grunderwerbsteuer, Maklerprovision und Notarkosten machen im Durchschnitt etwa 15 % des Kaufpreises aus. Diese Kosten werden in der Regel nicht mitfinanziert und sollten daher in die Eigenkapitalberechnung einbezogen werden. Da sie je nach Region variieren, ist eine genaue Planung unerlässlich.

Außerdem können bei der Strukturierung der Finanzierung eines Immobilienprojektes die Zinsbedingungen geschickt genutzt werden. In den vergangenen Jahren haben niedrige Zinsen die Finanzierung von Immobilien begünstigt. Zinsbedingungen sind aber Schwankungen unterlegen und umso wichtiger ist es, die Zinsentwicklung genau zu beobachten und die Zinsbindung so zu planen, dass die monatliche Belastung insgesamt gesenkt und der Tilgungsanteil maximiert wird.

Die monatliche Belastung durch die Immobilienfinanzierung ist ein entscheidender Faktor, egal ob es sich um den Kauf eines Eigenheims oder um gewerbliche Projekte handelt. Staatliche Förderungen wie KfW-Darlehen können Privatpersonen unterstützen, während bei größeren Projekten ein effektives Liquiditätsmanagement entscheidend ist, um Gelder zuverlässig und zum optimalen Zeitpunkt einzusetzen.

Eine realistische Einschätzung der Lage, des Standorts und der Marktsituation einer Immobilie ist nicht nur beim Erwerb, sondern auch während der gesamten Laufzeit entscheidend. Nur durch kontinuierliche Marktbeobachtung können fundierte Finanzierungsentscheidungen getroffen werden. Das gilt nicht nur für den Kauf, sondern auch für die Sanierung oder die Vermietung. Insbesondere bei größeren oder komplexen Immobilienprojekten kann dies zur Herausforderung werden. An dieser Stelle kommen immer häufiger digitale Tools zum Einsatz, die dabei helfen können, die Immobilienfinanzierung zu vereinfachen.

4.2 Der Leverage-Effekt bei der Immobilienfinanzierung

Setzt man bei einer Immobilienfinanzierung sowohl Eigen- als auch Fremdkapital ein, dass spricht man vom sogenannten Leverage-Effekt. „Leverage" bezeichnet dabei das Verhältnis von Fremdkapital zu Eigenkapital. Ein höheres Verhältnis von Fremd- zu Eigenkapital bedeutet einen höheren Leverage. Das Fremdkapital fungiert dabei als Hebel, der die finanziellen Möglichkeiten und damit das Renditepotenzial des Eigenkapitals vervielfacht.

Grundsätzlich kann sich dieser Effekt positiv und auch negativ für Investoren auswirken. Bei der Immobilienfinanzierung entsteht allerdings in den meisten Fällen ein positiver Effekt. Von Leverage spricht man in aller Regel dann, wenn ein Kredit es ermöglicht, ein Objekt mit einem vergleichsweise geringen Eigenkapitalanteil zu finanzieren, dessen Wert voraussichtlich deutlich steigen wird.

Der Leverage-Effekt ist besonders im Bereich der Luxusimmobilien ausgeprägt. Luxus-Apartments und Stadtvillen in begehrten Lagen können mit sehr hoher Wahrscheinlichkeit an Wert gewinnen. Aus diesem Grund betrachten auch Kreditinstitute Luxusimmobilien als äußerst solide Investitionen und gewähren potenziellen Käufern mit ausreichenden finanziellen Mitteln oft großzügige Kredite für den Erwerb solcher Objekte.

4.3 Komplexität der Informationen erschwert Immobilienfinanzierung häufig

Die Komplexität bei der Planung von Immobilienkäufen und -entwicklungen ist immens. Besonders bei größeren Projekten müssen Projektentwickler eine Vielzahl von Faktoren berücksichtigen, die für eine erfolgreiche Finanzierung entscheidend sind. Ein Schlüsselaspekt ist sicherzustellen, dass die Objekte in Bezug auf Größe, Preis und Design den tatsächlichen Bedürfnissen des Marktes entsprechen, um keine Fehlentwicklungen zu riskieren.

Ein weiterer wichtiger Aspekt ist die Zukunftsplanung: Wie lassen sich Prognosen über bestimmte Immobilienmärkte und damit über den Wert des eigenen Objekts erstellen? Und wie können diese Prognosen möglichst zuverlässig sein? Die Beschaffung und Analyse dieser Informationen stellen eine echte Herausforderung dar.

Die aktuelle Situation wird zusätzlich durch die Komplexität der Informationslage und die oft unzureichenden Datenverwaltungstools erschwert. Laut einer Studie des Campus of Real Estate an der Hochschule für Wirtschaft und Umwelt Nürtingen-Geislingen über die Effektivität von Standortanalysesystemen[1] nutzen 88 % der Projektentwickler hauptsächlich Excel für ihre Planung und Zahlungsstromverwaltung. Excel ist jedoch primär auf manuelle Eingaben angewiesen, was es fehleranfällig macht und gerade bei komplexen Projekten schnell an seine Grenzen stößt.

Insbesondere in der Entscheidungs- und Finanzierungsphase kommt es an dieser Stelle häufig zu Fehlentscheidungen. In Zeiten erhöhter Marktunsicherheit, wie sie durch die Corona-Pandemie entstanden sind, werden Prognosen schnell überholt. Banken müssen oft mit einer Fülle von Informationen überzeugt werden. Eine verlangsamte Informationsbeschaffung kann jedoch bedeuten, dass das Zeitfenster für den

---

[1] Lausberg, C.; Scheer, T. et al. (2021) Die Effektivität von Standortanalysesystemen. Campus of Real Estate an der Hochschule für Wirtschaft und Umwelt Nürtingen-Geislingen, online verfügbar unter: www.hfwu.de, letzter Zugriff: 17. Juni 2024.

Kauf verpasst wird. Insbesondere in diesem Zusammenhang muss noch einmal die Relevanz einer alternativen und bankenunabhängigen Immobilienfinanzierung betont werden.

Ihr Transfer in die Praxis
- Der Schonung des Eigenkapitals kommt eine immer größere Bedeutung zu
- Werden externe Kapitalgeber einbezogen, müssen die Erwartungen und Interessen aller Beteiligten optimal aufeinander abgestimmt sein
- Informationen u. a. zum Standort sind schnell veraltet und behindern damit die Bankenfinanzierung
- Die Relevanz einer bankenunabhängigen Finanzierung steigt damit

5

Projektfinanzierung in Deutschland

> **Was Sie aus diesem Kapitel mitnehmen**
> - Wie eine Projektfinanzierung genau funktioniert
> - Welche Vor- und Nachteile diese Art der Immobilienfinanzierung hat
> - Welche Projektfinanzierer es in Deutschland gibt

Im Kontext der oftmals stark restriktiven Kreditvergabe durch Banken stehen Projektentwicklungsgesellschaften und Bauträger in Deutschland vor wachsenden Herausforderungen bei der Realisierung von Immobilienprojekten. Einige Kreditinstitute verlangen von etablierten Unternehmen mit nachweisbarem Erfolg und langjährigem Track Record Eigenkapitalanteile von bis zu 20 % pro Immobilienprojekt. Dies führt dazu, dass Projektentwickler gelegentlich lukrative und renditestarke Projekte aufgeben müssen, da ihr vorhandenes Eigenkapital bereits anderweitig in Finanzierungsprojekten gebunden ist.

Darüber hinaus stehen Bauträger und Projektentwicklungsgesellschaften oft vor Herausforderungen beim Erwerb potenzieller Grundstücke, bedingt durch den hohen Wettbewerb und knappe Zeitpläne. Viele mittelständische Entwickler verfügen nicht über ausreichend Kapital oder Liquidität, um lukrative Grundstücke ohne die Hilfe von Kreditinstituten zu erwerben. Ähnlich wie bei üblichen Bauträger- oder Projektfinanzierungen verpassen Unternehmen aufgrund fehlender kurzfristiger Mittel dadurch interessante Gelegenheiten für Immobilieninvestments. Ein weg ist es, sich an verschiedene Projektfinanzierer zu wenden.

5.1 Was versteht man unter einer Projektfinanzierung für Immobilien?

Bei der Finanzierung von Projekten ist es oft entscheidend, dass das benötigte Kapital schnell verfügbar ist, um den Projektstart ohne Verzögerung zu ermöglichen. Besonders bei umfangreicheren Vorhaben kann eine Finanzierung durch öffentlich-private Partnerschaften in Betracht gezogen werden, ergänzt durch institutionelle Investoren, die gelegentlich sogar als Sponsoren auftreten können. Ein wesentlicher Vorteil besteht darin, dass auf diese Weise die Finanzierung größerer Projekte zügig abgewickelt werden kann.

Auch klassische Bankkredite können eine schnelle und effiziente Finanzierung von Projekten, unabhängig von ihrer Größe. Die Geschwindigkeit hängt jedoch in hohem Maße von der Bonität des Kreditnehmers ab und davon, ob alle erforderlichen Unterlagen vollständig und rechtzeitig eingereicht werden können.

Bei einer Projektfinanzierung wird Kapital speziell für die Entwicklung, den Bau oder den Erwerb einer Immobilie bereitgestellt. Im Gegensatz zu herkömmlichen Krediten, die auf die Bonität des Kreditnehmers und die Sicherheit des Rückzahlungsvermögens abzielen, wird eine Projektfinanzierung speziell für das betreffende Immobilienprojekt strukturiert. Dies bedeutet, dass die Finanzierung oft auf die zu erwartenden Cashflows und den potenziellen Wert der Immobilie basiert, die durch das Projekt generiert werden.

Typischerweise wird eine Projektfinanzierung für größere Immobilienprojekte genutzt, bei denen hohe Investitionen erforderlich sind und das Risiko für die Kreditgeber höher ist. Die Finanzierung kann verschiedene Formen annehmen, darunter Kredite von Banken oder anderen Finanzinstituten, öffentlich-private Partnerschaften, institutionelle Investitionen oder sogar Crowdfunding.

5 Projektfinanzierung in Deutschland

Die Strukturierung einer Projektfinanzierung erfordert in der Regel eine sorgfältige Analyse des Projekts, einschließlich der Machbarkeit, der zu erwartenden Einnahmen und Ausgaben, der potenziellen Risiken und der Rückzahlungsmöglichkeiten. Oft werden spezialisierte Fachleute wie Finanzberater, Rechtsanwälte und Immobilienexperten hinzugezogen, um sicherzustellen, dass die Finanzierung auf solider Grundlage steht und den Anforderungen aller Beteiligten gerecht wird.

Um die Projekte umzusetzen, wird in der Regel eine rechtlich und wirtschaftlich eigenständige Projektgesellschaft (SPC – Special Purpose Company) gegründet, der die Geschäftsführung einer Betreibergesellschaft übertragen wird. Das Eigenkapital für diese Gesellschaft wird von sogenannten Sponsoren bereitgestellt, die in der Regel institutionelle Investoren sind. Die Fremdmittel werden von der Projektgesellschaft selbst aufgenommen.

Es gibt verschiedene Formen von Projektfinanzierungen.

5.1.1 Cash Flow related Lending

Alle Verpflichtungen wie die Betriebskosten, die Zinsen und die Tilgung der Projektgesellschaft werden ausschließlich aus dem zukünftigen Free Cash Flow erfüllt. Dieser ergibt sich aus der Differenz zwischen den eingehenden und ausgehenden Zahlungsströmen unter Berücksichtigung von Ersatzinvestitionen. Die Kreditvergabe basiert somit hauptsächlich auf dem Nachweis der technischen und wirtschaftlichen Tragfähigkeit des Projekts. Aufgrund fehlender dinglicher Sicherheiten werden den Kreditgebern (Lenders) spezielle Rechte eingeräumt, wie beispielsweise Eintrittsrechte in Verträge, Mitwirkungsrechte in der Geschäftsführung und die Überwachung der Leistungen der Projektgesellschaft.

5.1.2 Off Balance Sheet-Finanzierung

Die Beteiligten an einem Projekt, oft als Sponsoren bezeichnet, unterliegen normalerweise nicht der Verpflichtung zur Bilanzkonsolidierung. Dadurch wird die Finanzierung des Projekts aus ihrer Sicht als bilanzneutral betrachtet. Die aufgenommenen Kredite werden ausschließlich in der Bilanz der spezifischen Projektgesellschaft erfasst und beeinflussen somit nicht die finanziellen Kennzahlen oder die Bonität der Sponsoren. Die Haftung der Sponsoren erstreckt sich lediglich auf ihre Kapitaleinlage und die Vermögenswerte, die dem Projekt zugeordnet sind (non recourse). In einigen Fällen übernehmen sie jedoch zusätzliche, begrenzte Verpflichtungen wie Garantien oder Nachschussverpflichtungen (limited recourse). Außerdem gibt es keine Möglichkeit, auf das Vermögen der Sponsoren zurückzugreifen.

5.1.3 Risikoteilung

Bei dieser Form der Projektfinanzierung werden die Risiken auf die einzelnen Stakeholder eines Immobilienprojektes verteilt. Dazu gehören in der Regel Sponsoren, Lieferanten, Betreiber, Abnehmer, Kreditgeber, Projektgesellschaften und Versicherungsunternehmen. Um Risiken bei Exportlieferungen und grenzüberschreitenden Dienstleistungen abzusichern, werden häufig Exportkredit- und Investitionsversicherungen genutzt. In einigen Fällen bieten auch staatliche oder überstaatliche Organisationen wie die Weltbankgruppe oder die Europäische Investitionsbank Garantien an.

5.2 Was sind die Vor- und Nachteile einer Projektfinanzierung?

Wie jede Form der Finanzierung hat auch die Projektfinanzierung ihre Vor- und Nachteile, die sorgfältig abgewogen werden sollten. Zu den Vorteilen der Projektfinanzierung zählen insbesondere:

- Individuelle Konditionen: Die Möglichkeit, maßgeschneiderte Konditionen zu erhalten, die weitgehend unabhängig von der Bonität sind.
- Risikoverteilung: Die Verteilung von Risiken auf mehrere Parteien, was das Gesamtrisiko des Projekts reduziert.
- Bilanzneutrale Finanzierung: Die Finanzierung erfolgt ohne Auswirkungen auf die Bilanz der Sponsoren, was ihre Bonität nicht beeinträchtigt.

- Flexible Anwendungen: Die Möglichkeit, die Mittel flexibel für verschiedene Zwecke im Rahmen des Projekts einzusetzen.
- Flexible Gestaltung: Die Möglichkeit, die Finanzierung individuell und flexibel an die Bedürfnisse des Projekts anzupassen.

Diese Vorteile der Projektfinanzierung hängen eng zusammen, insbesondere die projektspezifischen Konditionen, flexible Anwendungen und die individuelle Gestaltung der Finanzierung. Da jedes Projekt einzigartig ist, bietet die Projektfinanzierung maximale Flexibilität bei der Vereinbarung zwischen Kreditnehmern und Kapitalgebern.

Einige der Nachteile der Projektfinanzierung sind hingegen die starre Zweckbindung der Mittel und der erhebliche organisatorische Aufwand. Die festgelegte Zweckbindung bedeutet, dass die Mittel nicht für andere Zwecke verwendet werden können, was die Flexibilität einschränkt. Darüber hinaus erfordert die Durchführung von Projekten und deren Finanzierung oft einen erheblichen organisatorischen Aufwand.

5.3 Welche Projektfinanzierer gibt es in Deutschland

Es gibt in Deutschland einige Projektfinanzierer, die sich in ihren Angeboten, Vorgehensweisen und Konditionen teils erheblich voneinander unterscheiden. Um einen kleinen Überblick über die unterschiedlichen Möglichkeiten einer Projektfinanzierung in Deutschland zu bekommen, finden Sie an dieser Stelle eine Kurzvorstellung von drei ausgewählten Finanzierungsanbietern.

5.3.1 Die Cronbank als Projektfinanzierer

Die Cronbank AG, mit Sitz in Dreieich in der Nähe von Frankfurt am Main, ist eine deutsche Direktbank, die seit ihrer Gründung im Jahr 1997 keine eigenen Filialen betreibt. Eine bemerkenswerte Eigenschaft der Cronbank ist ihre Zugehörigkeit zur MHK Group, einem führenden Dienstleistungsunternehmen, das sich auf den mittelständischen Markt für Küchen, Möbel und Sanitärprodukte spezialisiert hat.

Durch diese Verbindung ist die Cronbank der ideale Partner für mittelständische Verbundgruppen im Fachhandel und Handwerk. Insbesondere hat sie sich einen Namen gemacht durch ihre Expertise in der gewerblichen Immobilienfinanzierung, was zu den Kernprodukten ihres Angebots zählt. Ihr Service umfasst die Finanzierung von Bestandsimmobilien ebenso wie von neuen Bauprojekten bis hin zu Privatisierungsmaßnahmen. Zusätzlich bietet die Cronbank ihren Kunden sogar einen eigenen Maklerservice an.

Vorgehensweise bei der Kreditbeantragung
Die Vorgehensweise bei der Kreditbeantragung bei der Cronbank unterscheidet sich etwas von vielen anderen Banken. Diese Direktbank vergibt Kredite ausschließlich an Unternehmer, die eine Finanzierungshilfe für betriebliche Zwecke benötigen. Die Kontaktaufnahme kann telefonisch, per E-Mail oder durch einen persönlichen Termin erfolgen, was für eine Direktbank ungewöhnlich ist. Eine reine Online-Beantragung ist daher nicht möglich.

Die Cronbank prüft zunächst die Bonität und Kreditwürdigkeit des Antragstellers, wofür die finanziellen Verhältnisse überprüft und eine SCHUFA-Auskunft eingeholt werden. Zusätzlich müssen weitere Unternehmensdokumente vorgelegt werden, wie der Betriebsabschluss und der Steuerbescheid.

Es ist interessant anzumerken, dass die Cronbank nicht sofort einen Kredit bewilligt. Sie möchte sicherstellen, wie der Antragsteller generell mit seinem Geld umgeht. Selbst nach einer ersten Ablehnung ist eine erneute Beantragung jederzeit möglich, und in einem persönlichen Gespräch werden dann weitere Lösungen besprochen.

Es kann daher einige Zeit dauern, bis es zu einer Kreditzusage und Antragsunterzeichnung kommt. Nach Bewilligung werden die benötigten Mittel jedoch in der Regel kurzfristig ausgezahlt.

5.3.2 sarbery.capital

Das selektive Distressed-Investorennetzwerk sarbery.capital setzt auf eine sogenannte Mezzanine Finanzierung für Projektentwickler und Bauträger.

Unternehmen beschaffen sich mit Mezzanine-Kapital auf verschiedene Arten Liquidität, ohne dabei den Kapitalgebern Stimmrechte oder Anteile zu übertragen. Der Begriff „Mezzanine" leitet sich aus dem italienischen „il mezzanino" ab und hat seinen Ursprung in der Architektur. Er bezieht sich auf ein niedriges „Zwischengeschoss" zwischen zwei Hauptstockwerken. Ähnlich wie das Zwischengeschoss umfasst das Mezzanine-Kapital alle Formen der Finanzierung, die sich nicht eindeutig dem Eigen- oder Fremdkapital zuordnen lassen. Daher wird auch von hybrider Finanzierung, Hybridkapital, Mezzanin-Finanzierung oder Mezzanine-Kapital gesprochen (vgl. Abschn. 2.2).

Ursprünglich war Mezzanine-Kapital für die Finanzierung von Unternehmensübernahmen durch externe oder interne Manager gedacht. Mit den verschärften Eigenkapitalanforderungen gemäß Basel II und III haben sich die Anforderungen an die Kapitalausstattung von Unternehmen, die nach Kapital suchen, erhöht. Banken vergeben ihre Kredite selektiver, was vielen mittelständischen Unternehmen aufgrund niedriger Eigenkapitalquoten und begrenzter Besicherungsmöglichkeiten den Zugang zu Bankkrediten erschwert. Aus diesem Grund werden Mezzanine-Finanzierungen auch für weitere Zwecke genutzt, wie beispielsweise für Immobilienprojekte.

Die Strukturierung von Mezzanine-Finanzierungen kann verschiedene Formen annehmen, darunter Wandeldarlehen, partiarische Darlehen, Nachrangdarlehen, typisch oder atypisch stille Beteiligungen, Aktienanleihen, Hybridanleihen, Optionsanleihen oder Wandelschuldverschreibungen. Diese Finanzierungsinstrumente können je nach Einsatz der Investoren oder Kapitalgeber mit oder ohne Nachrangigkeit strukturiert werden.

Das Kapital kann für eine kurz- bis mittelfristige Laufzeit entweder als Eigenkapital oder Fremdkapital eingebracht werden, abhängig von den spezifischen Anforderungen und Vereinbarungen zwischen den Parteien.

Zu den Investoren des Netzwerkes gehören:

- Family Offices
- Mezzanine Funds
- Privat- oder Unternehmerpersonen
- Privatbanken
- Stiftungen
- Strategische Investoren

Die Rahmenbedingungen für die Mezzanine-Projektfinanzierung

Es werden bestimmte Rahmenbedingungen erwartet, die jedoch unternehmensspezifische Ausnahmen zulassen können. Um mit der sarbery. capital eine Projektfinanzierung einzugehen, sollte mindestens ein Unternehmensrating von „B" oder höher vorliegen. Das Finanzierungsvolumen sollte derweil zwischen 1 Mio. € und 100 Mio. € liegen. Außerdem ist eine Voraussetzung, dass das Unternehmen oder das Immobilienprojekt seinen Sitz in der DACH-Region hat. Außerdem wird ein operativ gesunder Cashflow zwingend vorausgesetzt.

Vorgehensweise bei der Projektfinanzierung

Wenn ein Projektentwickler beabsichtigt, eine Mezzanine Finanzierung für sein Immobilienprojekt aufzunehmen, dann sollte dieser bereits mit klaren Vorstellungen an die Investoren herantreten. Ein Mezzanine Investor stellt sehr direkt formulierte Anforderungen an den Projektentwickler und das zu finanzierende Immobilienprojekt. Projektentwickler machen häufig den Fehlern, dass sie einfach unstrukturiert sämtliche bekannte Investoren am Markt herantreten und dabei gar nicht deren Anforderungen kennen. Viele Investoren kennen sich untereinander, sodass diese Vorgehensweise schnell „aufgedeckt" wird. Daher lohnt es sich, nur ausgewählte Projektfinanzierer aus diesem Netzwerk anzusprechen und sein Anliegen klar und auf die Angebote des Projektfinanzierers abgestimmt zu formulieren.

Die Konditionen des Investorennetzwerkes

Zu Beginn einer möglichen Kooperation werden mit allen Mezzanine-Kapital-Investoren sowie den Projektgesellschaften und Bauträgern Gespräche über die Konditionen, Rahmenbedingungen und den Zeitrahmen einer potenziellen Mezzanine-Finanzierung geführt. Da jede Mezzanine-Finanzierung für Immobilienprojekte so einzigartig ist wie das Projekt selbst, gestaltet es sich schwierig, bereits nach den ersten Gesprächen konkrete Parameter einer Projektfinanzierung festzulegen. Grundsätzlich können jedoch folgende Rahmenbedingungen und Konditionen berücksichtigt werden, die individuell je nach Investor und Immobilienprojekt angepasst werden:

- Nachrangige Besicherung
- Projektentwickler mit nachweisbarem Track Record und langjähriger Marktpräsenz
- Investorenfokus auf Art der Immobilie (z. B. Gewerbe, Handel, Wohnen, Hotel usw.)
- Investorenfokus auf Lage der Immobilie (z. B. A-Lage, B-Lage, Speckgürtel usw.)
- Investorenfokus auf Land der Immobilien (z. B. Deutschland, Österreich, Schweiz)
- Strukturierungsdauer von 14 Tagen bis 3 Monaten
- Konditionen von 10 % p.a. bis 17 % p.a.
- Laufzeit von 1 Monat bis 36 Monaten
- Engagement des Projektentwicklers
- Teilweise kein Eigenkapital erforderlich

Diese Auflistung soll lediglich als Orientierung für eine mögliche Mezzanine-Finanzierung bzw. Projektfinanzierung für Immobilien dienen.

5.3.3 Meine Bank/Raiffeisenbank im Hochtaunus eG

Meine Bank ist eine Marke der Raiffeisenbank im Hochtaunus eG. Die eigenständige Marke wurde speziell mit dem Fokus auf die Projektfinanzierung gegründet, die zu einem eigenen Geschäftsfeld geworden ist. Meine Bank begleitet Immobilienfinanzierungen in ganz Deutschland und bleibt als zentraler Partner von Anfang bis Ende des Projektes dabei.

Im Wettbewerb auf dem Immobilienmarkt ist die Schnelligkeit bei der Immobilienfinanzierung ein entscheidender Erfolgsfaktor. Sobald eine passende Immobilie oder ein geeignetes Projekt gefunden ist, muss es schnell gehen. Während klassische Banken sehr viel Zeit für die Prüfungs- und Genehmigungsverfahren benötigen, arbeitet der Projektfinanzierer mit einem Netzwerk von Spezialisten – von Gutachtern bis hin zu Konsortialpartnern. Sie können sehr viel schneller Entscheidungen treffen und damit sehr viel flexibler sein. Die genauen Details werden dann nach der ersten Kontaktaufnahme mit den Experten besprochen.

5.4 Ist eine Projektfinanzierung ohne Eigenkapital möglich?

Ebenso wie auch die Banken fordern am Ende auch Projektfinanzierer entsprechende Sicherheiten für ein Immobilienprojekt. Dies ist allein deshalb wichtig, um die Interessengleichheit zu gewährleisten. Wenn diese Sicherheiten nicht zur Verfügung stehen, muss dies durch andere Faktoren kompensiert werden, um insgesamt ein angemessenes Risiko-Rendite-Verhältnis zu erreichen.

Eine Möglichkeit besteht darin, die prognostizierte Gewinnmarge zu erhöhen. Dies kann durch günstigen Grundstückseinkauf, preiswerte Beschaffung von Dienstleistungen, die Erbringung von Eigenleistungen oder einen geringen Wettbewerb im Verkauf erreicht werden.

Eine weitere Option ist die Planbarkeit der prognostizierten Gewinnmarge. Dies kann durch einen bewährten Track Record erfolgreicher Projektentwicklungen, Festpreise für Baukosten, hohe Sicherheit bei den Erlösen durch Vorverkäufe oder -vermietungen, die Schaffung von Standardprodukten mit transparenten Marktdaten und eigene Referenzprojekte, beispielsweise in bereits realisierten Baufeldern innerhalb desselben Großvorhabens, möglich werden.

Die üblichen Sicherheitsmargen für Mezzaninekapital liegen typischerweise zwischen 15 und 30 %, während für Fremdkapital Sicherheitsmargen von 25 bis 50 % üblich sind. Die spezifische Höhe der Sicherheitsmarge hängt von der individuellen Risikobereitschaft des Kapitalgebers und den bestehenden Unsicherheiten bezüglich Projektkosten, Projekterlösen und Projektlaufzeit zum Zeitpunkt der Auszahlung ab.

Ihr Transfer in die Praxis

- Projektfinanzierungen lohnen vor allem für große und komplexe Immobilienvorhaben
- Zu den Vorteilen gehören die hohe Flexibilität bei der Ausgestaltung der Finanzierung
- Nachteilig ist der gegenüber einer Bankenfinanzierung entstehende Aufwand

6

Die Bridge-Finanzierer in Deutschland

> **Was Sie aus diesem Kapitel mitnehmen**
> - Was eine Bridge Finanzierung ist und für wen sie geeignet ist
> - Wie Bridge Finanzierungen funktionieren
> - Welche Vorteile und Risiken mit Brückenfinanzierungen verbunden sind

Unternehmen sehen sich oft mit der Herausforderung konfrontiert, dass sie bestimmte Investitionen oder Akquisitionen tätigen möchten oder müssen, für die sie zum aktuellen Zeitpunkt nicht über ausreichende liquide Mittel verfügen. Diese Situation ist besonders bei Immobilienprojekten kritisch, weil hier schnelle Entscheidungen getroffen werden müssen und sich die Bedingungen schnell ändern können.

Eine Brückenfinanzierung ist für Unternehmen eine schnelle und unkomplizierte Lösung für dieses Dilemma. Sie ermöglicht es, innerhalb kürzester Zeit auf das benötigte Kapital für entscheidende Unternehmensinvestitionen zuzugreifen und dabei äußerst flexibel zu agieren. Immobilienentwickler setzen oft auf Brückenkredite während eines Bauprojektes oder zur Finanzierung von Renovierungsarbeiten, um verschiedene Kosten wie den Landerwerb, die Baukosten und die Genehmigungen zu decken, bis die dauerhafte Finanzierung verfügbar ist.

6.1 Was ist eine Bridge-Finanzierung und wie funktioniert sie?

Die Brückenfinanzierung kann bei Immobilienvorhaben den kurzfristigen Bedarf an zusätzlichem Kapital auf Unternehmensebene decken. Dieser zusätzliche Kapitalbedarf kann aus verschiedenen Gründen entstehen, wie beispielsweise eine unerwartete Unterbrechung einer Lieferkette oder ein Investor zieht sich plötzlich aus dem Projekt zurück, mit dem aber fest gerechnet wurde.

Mit einer Bridge-Finanzierung bekommen auch Projektentwickler eine Art Darlehen, das die benötigte Liquidität bereitstellt, um etwaige finanzielle Schäden aufgrund der veränderten Rahmenbedingungen auszugleichen. In der Regel wird die Bridge-Finanzierung auf mittlere Sicht durch eine andere Finanzierungsform mit längeren Laufzeiten und günstigeren Konditionen abgelöst.

Unternehmen, die Investitionen in Immobilien tätigen wollen, können dadurch wesentlich flexibler agieren und können wichtige Investitionen tätigen, ohne langwierige Antragsverfahren durchlaufen zu müssen. In der Immobilienbranche wird die Bridge-Finanzierung häufig als Vor- oder Zwischenlösung genutzt, wenn Sie bei einem Bauprojekt festgelegte Kredittranchen zu bestimmten Zeitpunkten erwarten, beispielsweise nach dem Baufortschritt, und unerwartet eine Finanzierungslücke auftritt. Obwohl die Gesamtfinanzierung des Projekts gewährleistet ist und Sie die Zahlungen leisten können, steht das benötigte Kapital möglicherweise nicht sofort zur Verfügung. Um dennoch anfallende Rechnungen fristgerecht begleichen zu können, ist es in diesem Falle dann ratsam, eine Brückenfinanzierung in Anspruch zu nehmen.

Üblicherweise gestaltet sich der Prozess einer Bridge-Finanzierung wie folgt
1. **Bedarfsermittlung**: Ein Unternehmen oder ein Projektfinanzierer findet kurzfristige eine Investitionsmöglichkeit, für die zusätzliche Mittel benötigt werden, um diese erfolgreich abzuschließen.
2. **Antragstellung**: Der Antragsteller beantragt eine Brückenfinanzierung bei einer Bank, einem Finanzinstitut oder einem alternativen Kreditgeber. Dieser Antrag umfasst in der Regel Informationen über

den Zweck der Finanzierung, die geplante Nutzung der Mittel sowie Details zur Rückzahlung.
3. **Bewertung und Genehmigung**: Der Kreditgeber prüft den Antrag und bewertet die Bonität des Antragstellers sowie die Tragfähigkeit des Projekts oder der Transaktion. Basierend auf diesen Informationen entscheidet der Kreditgeber über die Genehmigung der Brückenfinanzierung und legt die Konditionen fest, einschließlich Zinssätzen, Laufzeit und den Sicherheiten.
4. **Bereitstellung der Mittel**: Nach der Genehmigung stellt der Kreditgeber die benötigten Mittel bereit. Dies kann in Form eines Darlehens oder einer Kreditlinie erfolgen, die dem Antragsteller ermöglicht, auf das Kapital zuzugreifen, wenn es benötigt wird.
5. **Nutzung der Mittel**: Der Antragsteller verwendet die bereitgestellten Mittel, um die geplante Investition oder Transaktion abzuschließen. Dies könnte zum Beispiel der Kauf einer Immobilie, die Finanzierung eines Unternehmenskaufs oder die Deckung von Betriebskosten sein.
6. **Rückzahlung**: Sobald die langfristige Finanzierung oder andere Mittel verfügbar sind, wird die Brückenfinanzierung zurückgezahlt. Dies kann durch den Verkauf von Vermögenswerten, die Aufnahme eines Hypothekendarlehens oder die Generierung von Cashflow aus dem finanzierten Projekt erfolgen.

6.2 Welche Sicherheiten können für eine Bridge-Finanzierung hinterlegt werden?

Für eine Brückenfinanzierung können verschiedene Arten von Sicherheiten hinterlegt werden, um das kurzfristig zur Verfügung gestellte Darlehen abzusichern. Die Auswahl der Sicherheiten hängt immer maßgeblich von den Vereinbarungen zwischen dem Kreditgeber und dem Kreditnehmer sowie der Art des jeweiligen Immobilienprojektes ab.

Die Bridge Finanzierer prüfen im ersten Schritt meistens die Bonität des Kreditnehmers und welche Sicherheiten er anbieten an. Das können beispielsweise andere Immobilien oder auch Grundstücke sein. In diesem Fall wird der Wert der Immobilie erfasst und das Darlehen wird entsprechend des Wertes abgesichert.

Des Weiteren können Unternehmen auch Forderungen als Sicherheiten hinterlegen, insbesondere wenn sie kurzfristige Liquiditätsengpässe haben. Forderungen gegenüber Kunden oder ausstehende Zahlungen werden manchmal auch als Sicherheit vom Bridge-Finanzierer akzeptiert. Lagerbestände oder Inventar können ebenfalls als Sicherheiten für Brückenfinanzierungen verwendet werden. Auch Aktien, Anleihen oder andere Wertpapiere können in den Topf geworfen werden, um eine Brückenfinanzierung zu sichern.

In einigen Fällen können auch Garantien oder Bürgschaften von Dritten als Sicherheiten dienen, um eine Brückenfinanzierung abzusichern. Dies kann eine zusätzliche Sicherheit für den Kreditgeber bieten, wenn die primären Sicherheiten möglicherweise nicht ausreichen.

Generell kann man in der heutigen Zeit davon ausgehen des die agierende Person zusätzlich mit einer privaten Bürgschaft bei fast allen Finanzierungsarten heran gebeten wird. Grob kann man von einer privaten Bürgschaft von ca. 15–20 % der Gesamtdarlehens Summe ausgehen. Der Geldgeber sieht dies als Signal, ob der Projektinitiator an sein Projekt glaubt.

6.3 Welche Vor- und Nachteile hat die Bridge-Finanzierung in Deutschland

Brückenkredite sind für viele Investoren und Projektentwickler ein wertvolles Instrument zur Finanzierung von Bauprojekten, da sie Entwicklern die erforderlichen Mittel zur Verfügung stellen, um die Finanzierungslücke zwischen dem Projektbeginn und seiner Fertigstellung zu überbrücken. Trotz ihrer Bedeutung sollten jedoch sowohl die Vorteile als auch die potenziellen Risiken von Brückenkrediten vor einer Entscheidung sorgfältig abgewogen werden.

6.3.1 Höhere Flexibilität bei Investitionen

Brückenkrediten steigern die Flexibilität bei den Finanzierungsmöglichkeiten. Im Vergleich zu herkömmlichen Bankdarlehen, die oft strenge Anforderungen und langwierige Genehmigungsprozesse haben, können

Brückenkredite vergleichsweise schnell und mit weniger Einschränkungen erhalten werden. Diese Flexibilität ermöglicht es Entwicklern, die Finanzierung rasch zu sichern, wodurch sie ihre Bauprojekte schnell und ohne weitere Verzögerungen vorantreiben können.

> **Ein Beispiel**
> Ein Projektentwickler hat ein passendes Grundstück für ein geplantes Bauprojekt gefunden. Nach dem Erwerb benötigt er aber nun unverzüglich Mittel, um mit dem Bau zu beginnen. Ein Brückenkredit kann dem Entwickler das erforderliche Kapital bereitstellen, um das Projekt sofort zu starten, während gleichzeitig an der Sicherung einer langfristigen Finanzierung über herkömmliche Kanäle gearbeitet wird.

6.3.2 Geringere Risiken bei der Finanzierung

Bauprojekte sind naturgemäß mit verschiedenen Risiken verbunden. Es kann beispielsweise zu Verzögerungen, Kostenüberschreitungen und unvorhergesehene Herausforderungen kommen. Mit einem Brückenkredit minimieren Investoren und Projektentwickler das Risiko. Der Bauprozess kann weiter fortgesetzt werden, ohne dass langwierig neue Genehmigungsverfahren bei der Bank durchlaufen werden müssen. Ausfälle und Verluste können dadurch vermieden werden.

6.3.3 Schnellere Verfügbarkeit von Kapital

Eine der wichtigsten positiven Eigenschaften von Brückenfinanzierungen ist die schnelle Verfügbarkeit von Kapital. Im Gegensatz zu traditionellen Baufinanzierungen müssen keine langwierigen Genehmigungsprozesse durchlaufen werden. Brückenfinanzierungen stehen sehr schnell bereit, wenn Unternehmen, Investoren oder Projektentwickler dringend Kapital benötigen, um eine Geschäftsmöglichkeit zu nutzen oder ein Projekt zu starten. Die schnelle Verfügbarkeit von Kapital ermöglicht es, zeitkritische Chancen zu nutzen und den Wettbewerbsvorteil zu sichern.

6.3.4 Realisierung zeitkritischer Projekte:

Brückenfinanzierungen ermöglichen es Unternehmen, zeitkritische Projekte schnell in Angriff zu nehmen. Dies ist besonders wichtig in Branchen wie der Immobilienentwicklung, dem Bauwesen oder Unternehmensakquisitionen, wo Geschäftsgelegenheiten oft zeitlich begrenzt sind. Durch die Bereitstellung des benötigten Kapitals ermöglicht eine Brückenfinanzierung Unternehmen, Projekte zu initiieren oder abzuschließen, bevor sich die Gelegenheit verflüchtigt. Dies kann beispielsweise auch den Markteintritt beschleunigen und dabei helfen, Marktanteile zu gewinnen und potenzielle Umsatzverluste zu vermeiden.

6.3.5 Erhalt der Liquidität

Der Erhalt der Liquidität ist ein weiterer wichtiger Vorteil einer Brückenfinanzierung. Anstatt langfristige Vermögenswerte zu verkaufen oder bestehende Liquiditätsreserven zu erschöpfen, um kurzfristige finanzielle Bedürfnisse zu decken, ermöglicht eine Brückenfinanzierung die Bewahrung der Liquidität. Dadurch bleiben die finanzielle Stabilität und die Flexibilität für zukünftige Geschäftsmöglichkeiten erhalten. Unternehmen und Projektentwickler müssen dabei nicht ihre langfristig angelegten Projekte und Ziele gefährden.

6.3.6 Höhere Kosten für die Finanzierung

Den zahlreichen Vorteilen einer Bridge-Finanzierung stehen auch einige Nachteile gegenüber. Brückenkredite bieten zwar auf der einen Seite mehr Flexibilität und geringere Risiken für die gesamte Finanzierung, müssen dafür jedoch häufig höhere Zinssätzen und damit verbunden auch Kosten in Kauf nehmen. Die Bridge Finanzierer sichern damit ihre eigenen Risiken ab. In aller Regel liegen die Zinssätze für eine Bridge Finanzierung weit über den marktüblichen Zinssätzen. Diese zusätzlichen Zinskosten können – vor allem wenn sie vorab nicht einkalkuliert waren, erhebliche Auswirkungen auf das Gesamtprojektbudget haben, die Rentabilität beeinträchtigen und möglicherweise die Kapitalrendite verringern.

6.3.7 Kurzer Rückzahlungszeitraum

Brückenfinanzierungen haben in der Regel einen kurzen Rückzahlungszeitraum im Vergleich zu langfristigen Finanzierungen. Das geliehene Kapital muss in aller Regel innerhalb eines begrenzten Zeitraumes zurückgezahlt werden, oftmals sogar innerhalb weniger Monate. Ein kurzer Rückzahlungszeitraum ist eine wesentlich stärkere finanzielle Belastung, schließlich kann es immer zu Verzögerungen auch mit der Anschlussfinanzierung kommen.

6.3.8 Höhere Anforderungen an Sicherheiten

Kreditgeber von Brückenfinanzierungen stellen meistens höhere Anforderungen an die Sicherheiten, um das höhere Risiko auszugleichen, das mit diesen kurzfristigen Darlehen verbunden ist. Dies bedeutet, dass die Kreditnehmer zusätzliche Vermögenswerte als Sicherheiten hinterlegen müssen, um das Darlehen abzusichern. Dies kann die Flexibilität und Liquidität des Unternehmens einschränken und es schwerer machen, zusätzliche Finanzmittel zu beschaffen.

6.4 Bridge-Finanzierung vs. klassische Baufinanzierung: ein Vergleich

Finanzierungen dienen generell immer dazu, Gelder für den Bau oder den Kauf von Immobilien zur Verfügung zu stellen. Brückenkredite unterscheiden sich dabei in mehrfacher Hinsicht von einer klassischen Baufinanzierung Bezug auf Zulassungskriterien, Zinssätze, Rückzahlungsbedingungen und Flexibilität.

Zulassungskriterien

Brückenkredite sind typischerweise nicht mit langen Antragsverfahren verbunden, sondern sie dienen als kurzfristige Finanzierungslösung, um Finanzierungslücken vor Beginn oder während laufender Finanzierungen zu schließen. Insbesondere Projektentwickler greifen häufig darauf zu, wenn sie sofort Mittel brauchen, um ein Immobilienprojekt beginnen zu können, bevor sie sich um eine langfristige Finanzierungsmöglichkeit kümmern. Welche Zulassungskriterien zugrunde gelegt werden, richtet sich in erster Linie nach dem Wert der Immobilie, die bei einer Bridge-Finanzierung in den meisten Fällen als Sicherheit dient.

Bei einer klassischen Baufinanzierung dagegen prüfen die Kreditgeber wesentlich intensiver Faktoren wie die Kreditwürdigkeit, die Machbarkeit eines Projektes, die individuellen Erfahrung des Kreditnehmers und seine finanzielle Stabilität.

Zinsen
Aufgrund ihrer Kurzfristigkeit und dem damit verbundenen erhöhten Risiko haben Brückenkredite im Vergleich zu einer traditionellen Baufinanzierung meistens höhere Zinssätze. Im Vergleich dazu bieten herkömmliche Baufinanzierungen niedrigere Zinssätze an, die unter anderem durch die längeren Rückzahlungsbedingungen entstehen.

Rückzahlungsbedingungen
Ein Brückenkredit muss in aller Regel schneller zurückgezahlt werden als die Baufinanzierung, die oftmals auf viele Jahre oder sogar Jahrzehnte angelegt ist. Sobald der Kreditnehmer auf die geplante langfristige Finanzierung zurückgreifen kann, muss auch der Brückenkredit wieder abgelöst werden.

6.5 Welche Bridge-Finanzierer gibt es?

Als Bridge Finanzierer kann im Grunde genommen jeder auftreten, der kurzfristig Kapital bereitstellen kann. Das können auf der einen Seite Banken und Finanzinstitute sein, die sich auf Brückenfinanzierungen spezialisiert haben oder sie als Teil ihres Portfolios anbieten. Daneben kommen auch private Investoren, Venture-Capital-Unternehmen, Private-Equity-Firmen und Hedgefonds in Frage, die oftmals Brückenfinanzierungen anzubieten, wenn sie hier lukrative Geschäftsmöglichkeiten sehen. Gerade diese Investoren können sehr oft flexiblere Bedingungen anbieten als traditionelle Banken.

Es gibt darüber hinaus spezialisierte Finanzierungsgesellschaften, die sich ausschließlich auf die Bereitstellung von Brückenfinanzierungen spezialisiert haben. Diese Unternehmen haben oft ein tiefes Verständnis für Immobilienvorhaben, die kurzfristige Finanzierungen benötigen und können entsprechend maßgeschneiderte Lösungen anbieten.

Kreditgenossenschaften und auch alternative Finanzierungsquellen können ebenfalls für eine Brückenfinanzierung kontaktiert werden. Diese Institutionen haben oftmals flexiblere Kreditrichtlinien und können Genehmigungen schneller erteilen.

6.5.1 Bridge Finanzierung mit Fiduciam

Fiduciam ist ein in Großbritannien ansässiges Finanzunternehmen, das sich auf die Bereitstellung von alternative Finanzierungslösungen für Immobilienprojekte und mittelständische Unternehmen spezialisiert hat. Das Unternehmen wurde 2014 gegründet und hat seinen Hauptsitz in London. Fiduciam ist eine von der Financial Conduct Authority (FCA) in Großbritannien zugelassene und regulierte Kreditinstitution.

Hinter Fiduciam stehen eine Reihe von Investoren und Gründern, darunter Johan Groothaert und Henrik Takkenberg, die das Unternehmen gegründet haben. Fiduciam hat sich einen Ruf als verlässlicher und flexibler Finanzierungspartner für Immobilienentwickler, Investoren und Unternehmen aufgebaut, die alternative Finanzierungslösungen benötigen.

Das Unternehmen hat in den letzten Jahren ein starkes Wachstum verzeichnet und sein Geschäft auf mehrere europäische Länder ausgeweitet, darunter Deutschland, die Niederlande, Spanien, Irland und weitere. Fiduciam bietet eine breite Palette von Finanzierungslösungen an, darunter Brückenfinanzierungen, Immobilienkredite und Unternehmenskredite.

Das sind die Angebote und Services von Fiduciam
- **Transparente Finanzierungs-Konditionen:** Die Konditionen von Fiduciam sind für die Kreditnehmer hochgradig transparent und jederzeit einsehbar. Die Preisgestaltung hängt immer individuell von der Art der Sicherheiten und dem Finanzierungszweck ab. Bevor eine Darlehensanfrage gestellt wird, sind die Zinssätze der Partnerbank be-

kannt, sodass eine informierte Entscheidung getroffen werden kann, ob eine Darlehensanfrage folgen soll.
- **Schnelle Genehmigungen:** Durch ein ganz neuartiges Darlehensanfrageverfahren des Finanzunternehmens wird ein komplizierter und zeitaufwändiger Genehmigungsprozess eingespart, den Kreditnehmer bei herkömmlichen Banken durchlaufen müssen. Dies ermöglicht eine effiziente Zusammenarbeit aller relevanten Parteien, wie Gutachter, Notare und Ihre Berater. Solange alle erforderlichen Informationen bereitgestellt werden, können die Zeitpläne flexibel aufgestellt und verfolgt werden. Fiduciam hat laut eigener Aussage in der Vergangenheit bereits Transaktionen mit einem Volumen von über €5.000.000 in nur fünf Tagen erfolgreich abgeschlossen.
- **Zuverlässigkeit & Vertrauen:** Das Team hinter Fiduciam besteht aus einer Reihe von erfahrenen Experten, die sich dafür einsetzen, Finanzierungen nach den individuellen Wünschen der Kunden zu gestalten. Die Geschäftsführer von Fiduciam verfügen über eine langjährige Erfahrung und genießen einen ausgezeichneten Ruf in der Branche. Das zeigt sich auch daran, dass es so gut wie keine öffentliche Werbung gibt.
- **Hohe Flexibilität:** Kreditnehmer haben die Möglichkeit, den Darlehensbetrag in mehreren Positionen abzurufen und ihn auch flexibel in mehreren Teilen wieder zurückzuzahlen. Zusätzlich ist es beispielsweise auch möglich, dass der Darlehensnehmer und der Sicherheitengeber unterschiedliche Personen sein können.

Das Unternehmen bietet länderübergreifende Brückenfinanzierungen an. So kann sich beispielsweise die zu finanzierende Immobilie in Deutschland befinden, während die Sicherheiten im Ausland liegen.

6.5.2 Brückenfinanzierungen mit Marshall Hutton

Hinter Marshall Hutton steht ein renommierter Vermögens- und Finanzberater, der umfassende Vermögensdienstleistungen für Immobilieneigentümer und Nutzer auf dem deutschen und britischen

Immobilienmarkt anbietet. Gegründet wurde das Unternehmen im Jahr 1993 in London und hat sich seitdem einen guten Ruf im Bereich eines fundierten, kaufmännische Urteilsvermögens und einer spezifischen Marktkenntnis erarbeitet. Kreditnehmer haben hier immer einen direkten Kontakt zum Entscheider. Neben Brückenfinanzierungen bietet Marshall Hutton auch Vertragsverlängerungen, Vermietungen, Investitionen, Bewertungen und Akquisitionen. Das Unternehmen berät Immobilieneigentümer, -käufer und -investoren in den Bereichen Planung, Entwicklungsvereinbarungen, Joint Ventures sowie detaillierte Finanzanalysen von der Kapitalbeschaffung bis zur Schuldenstrukturierung.

Das Angebot
Der Marshall Bridging Fund (MBF) bietet Anlegern Zugang zu sicheren und vorhersehbaren Renditen aus der kurzfristigen Finanzierung von Immobilienprojekten. Der Schwerpunkt liegt dabei auf Deutschland oder auch anderen europäischen Großstädten. Die Rendite des Fonds ist nicht von der Wertsteigerung einer Immobilie abhängig und daher auch unbeeinflusst von etwaigen Schwankungen, die kurzfristig bei den Immobilienwerten auftreten können.

Der Überbrückungsfinanzierungsbereich insbesondere für Kredite unter 20 Mio. € gleich hier für Projektentwickler eine wichtige Versorgungslücke aus, da europäische banken die Kreditvergaben drastisch reduziert haben.

Wesentliche Merkmale des Fonds
Der Marshall Bridging Fund (MBF) soll Renditen unabhängig von der Marktlage oder -richtung generieren. Dahinter steht eine opportunistische Finanzierung und ein fachmännisches Verständnis der Zielgruppe.

- Als Sicherheit werden Sachwerte wie Immobilien eingefordert
- Vollständig transparenter Fonds, ohne Black Boxes
- Eine vollständig regulierte Struktur mit Sitz in Luxemburg

6.5.3 Finanzierungslösungen über den Emerald Mezzanine Fund

Der Emerald Mezzanine Fund ist ein führender Immobilienkreditfonds, der sich auf die Bereitstellung von Mezzanine-Kapital für Immobilienprojekte im deutschsprachigen Raum spezialisiert hat. Das Unternehmen begleitet eine Vielzahl unterschiedlicher Projekte aller Nutzungsarten und Asset-Klassen, die über ein hohes Wachstumspotenzial sowie eine starke Marktposition im deutschsprachigen Raum (DACH) verfügen.

Emerald Mezzanine verfügt über ein hoch qualifiziertes Team von Fachleuten mit umfassendem Wissen und Erfahrung in der Immobilienwirtschaft und dem Markt. Das fundierte Fachwissen hilft am Ende bei der Realisierung eines Projektes und der Ausschöpfung des vollen Wachstumspotenzials.

Das Angebot
Der Emerald Mezzanine Fund fungiert als Ihr Partner für die Bereitstellung von Brückenfinanzierungen für Immobilienprojekte. Als Luxemburger Debt Fund stellt Emerald Mezzanine Kapital für Geschäftspartner, Bauherren und Investoren für Projekte im Grundstückserwerb, Neubau und in der Bestandsentwicklung zur Verfügung.

Finanzierungskriterien
- Finanzierungsvolumen zwischen 3 und 15 Mio. € (Ticket-/Losgröße)
- Bis zu einem Loan-to-Value-Verhältnis (LTV) von 80 % (in Ausnahmefällen auch darüber hinaus)
- Laufzeit zwischen 12 und 24 Monaten
- Vorzugsweise grundbuchrechtliche Absicherung im ersten Rang
- Mögliche Finanzierung aller Arten von Immobilien

6.5.4 Finanzierungslösungen mit der HFH Bridge Capital GmbH

Anbieter wie Fiduciam und die Marshall Hutton Fonds bieten nur einzelne Bausteine in der Gesamtfinanzierung. Die HFH Group mit Tim

Bütecke als Gründer und Geschäftsführer macht seit 24 Jahren die holistische Finanzierung. Tim Bütecke ist diplomierter Bauingenieur und vereint Kompetenten aus den Bereichen Banken, Versicherungen und Immobilien. Als Generalist kann er auch komplexe Finanzierungsvorhaben effektiv gestalten.

Ein besondere Mehrwert der HFH Group besteht für die Kunden darin, dass das Unternehmen Kernkompetenzen im Bereich Immobilien und Finanzen miteinander kombiniert. Dadurch können passgenaue Lösungen und reale Werte geschaffen werden. Durch die maßgeschneiderten Lösungen kann die Eigenkapital-Quote bei Finanzierungen erheblich reduziert werden. Die HFH Group hat dabei immer den Wandel der Märkte im Blick und kann sofort reagieren.

Das Angebot
Statt nur einzelner Finanzierungsbausteine übernimmt die HFH Bridge Capital GmbH die -gesamte Ausschreibung und Moderation für die Erstrang-finanzierenden Banken sowohl ergänzend für Mezzanine-Darlehensgeber als auch Whole Loan Anbieter. Damit übernimmt die HFH Bridge Capital GmbH sowohl die Erstrang- als auch die Zweitrangfinanzierung.

Daneben ist der Finanzierer auch Ansprechpartner für die gesamte Kommunikation zwischen den Beteiligten. Zum Portfolio gehören auch die Datenaufbereitung und Ausschreibung dahinter nach dem Motto: Das beste Angebot bekommt den Zuschlag. Das kann sowohl Fiduciam oder auch Marshall Hutton sein – je nachdem, welches Vorhaben besser passt.

Der besondere Vorteil
Für die erfolgreiche Arbeit ist ein gut gepflegtes Netzwerk nötig – sowohl auf nationaler als auch auf internationaler Basis. Es sind ganz persönliche Kenntnisse darüber wichtig, welche Schnittstellen wie besetzt sind und wer in welchem Bereich die Verantwortung trägt und entscheiden kann. Eine solche Rolle bei der Bridge Finanzierung ist bis dato nicht digitalisierbar und daher auch einzigartig in der Branche.

Die HFH Bridge Capital GmbH nimmt an dieser Stelle eine Zwischenposition ein und tritt als Vermittler zwischen den Erwartungen der Projektentwickler bzw. Bauträger auf und den Interessen der Bank. Das Ziel ist es immer, beide Seiten mit einem idealen Ausschreibungsergebnis zusammenzubringen.

Der Prozess wird nicht über anonyme Berater gesteuert, sondern Tim Bütecke selbst steht mit seinem eigenen Namen federführend dahinter. Er leitet die einzelnen Teams, die dann die verantwortlichen Bereiche ansprechen, abhängig davon, um welche Asset-Klassen es sich handelt. Der USP ist einerseits das gut gepflegte und große Netzwerk dahinter und auf der anderen die saubere Ansprache der einzelnen Stakeholder. Tim Bütecke weiß genau, welche Bank bzw. welcher Geldgeber für ein spezielles Asset angesprochen werden muss. Das steigert die Erfolgsaussichten für die Bridge Finanzierung ganz erheblich.

> **Ihr Transfer in die Praxis**
> - Brückenfinanzierungen können einen kurzfristigen Kapitalbedarf decken
> - Sie bieten eine erhöhte Flexibilität bei Immobilienvorhaben
> - Allerdings werden auch höhere Zinsen verlangt und der Rückzahlungszeitraum ist kürzer
> - Als Brückenfinanzierer können beispielsweise Banken, aber auch private Investoren, Venture-Capital-Unternehmen, Private-Equity-Firmen und Hedgefonds in Frage kommen

7

Darlehensmöglichkeiten für Immobilieninvestitionen

> **Was Sie aus diesem Kapitel mitnehmen**
> - Welche verschiedenen Darlehen es für die Immobilienfinanzierung es gibt
> - Welche Rolle das Eigenkapital bei den verschiedenen Darlehensformen es gibt
> - Welche Darlehensarten für Projektentwickler geeignet sind

Die erfolgreiche Umsetzung von Immobilienprojekten erfordert nicht nur eine visionäre Planung und eine solide Bauausführung, sondern auch die richtige Kapitalstruktur, um die Projektentwicklung voranzutreiben. Projektfinanzierer spielen eine entscheidende Rolle bei der Bereitstellung der erforderlichen Mittel für den Kauf von Grundstücken, den Bau von Gebäuden und die Entwicklung von Immobilien. Nicht selten werden dafür verschiedene Darlehensarten genutzt – von traditionellen Hypothekardarlehen über Privatkredite bis hin zu innovativen Finanzierungsmethoden wie Crowdfunding und Peer-to-Peer-Lending bieten diese Darlehensmöglichkeiten eine breite Palette von Lösungen für die unterschiedlichen Herausforderungen auf dem Weg der Immobilienfinanzierung an.

7.1 Hypothekendarlehen

Ein Hypothekendarlehen bezeichnet eine spezielle Art von Immobilienkredit, der durch ein Grundpfandrecht wie eine Hypothek oder eine Grundschuld abgesichert ist.

- **Grundpfandrecht:** Ein Grundpfandrecht ist ein Recht, das auf einem Grundstück oder einer Immobilie lastet und einem Gläubiger als Sicherheit dient, um eine Schuld zu sichern. Es ermöglicht dem Gläubiger, im Falle von Zahlungsausfällen des Schuldners das belastete Grundstück zu veräußern und sich aus dem Verkaufserlös zu befriedigen.
- **Grundschuld:** Diese Sicherheit gewährt der Bank im Falle von Zahlungsausfällen das Recht, die Immobilie zu veräußern. Als Gegenleistung stellt sie Ihnen den gewünschten Kreditbetrag zur Verfügung. Heutzutage ist das Hypothekendarlehen in Form eines Annuitätendarlehens die gängige Methode zur Finanzierung von Bauprojekten.

Obwohl der Begriff „Hypothekendarlehen" heute meist nicht mehr über eine Hypothek, sondern über eine Grundschuld besichert wird, hat sich der Begriff in der allgemeinen Sprache gehalten. Die Grundschuld hat die Hypothek größtenteils abgelöst, da sie sowohl für die Bank als auch für den Kreditnehmer flexibler ist. Bei einem Hypothekendarlehen zahlen Sie über die gesamte Laufzeit hinweg eine konstante monatliche Rate, die aus einem Tilgungs- und einem Zinsanteil besteht.

7.1.1 Wer gewährt Hypothekendarlehen?

Hypothekendarlehen werden von verschiedenen Finanzinstituten wie Banken, Sparkassen, Bausparkassen und manchmal auch von spezialisierten Kreditinstituten angeboten. In einigen Ländern können auch Hypothekenmakler bei der Vermittlung von Hypothekendarlehen helfen, indem sie Kreditnehmer mit geeigneten Kreditgebern verbinden.

7.1.2 Wie funktioniert ein Hypothekendarlehen?

Der Ablauf eines Hypothekendarlehens ist vergleichbar mit dem eines Annuitätendarlehens. Um Geld zu leihen, beantragen Projektentwickler bei einer Bank ein Darlehen. Dabei werden der Zinssatz und der anfängliche Tilgungssatz festgelegt, aus denen sich die monatliche Rate ergibt. Diese bleibt über die gesamte Laufzeit der Zinsbindung konstant und setzt sich aus einem Zins- und einem Tilgungsanteil zusammen. Zu Beginn der Rückzahlung überwiegt der Zinsanteil, während sich das Verhältnis im Laufe der Zeit umkehrt. Dies liegt daran, dass der Zinsanteil von der Restschuld berechnet wird, die mit jeder Zahlung abnimmt, während der Tilgungsanteil steigt. Oft bleibt am Ende der Zinsbindung eine Restschuld, die durch eine Anschlussfinanzierung weiter bedient werden kann.

7.1.3 Welche Sicherheiten müssen bei einem Hypothekendarlehen heute hinterlegt werden?

Heutzutage wird ein Hypothekendarlehen in der Regel durch eine Grundschuld besichert, anstatt durch eine Hypothek. Die Grundschuld ist eine Sicherheit, die dem Gläubiger, in diesem Fall der Bank, das Recht gibt, im Falle eines Zahlungsausfalls des Kreditnehmers die Immobilie zu veräußern und sich aus dem Verkaufserlös zu bedienen. Im Gegensatz zur Hypothek, die eine spezifische Schuldsumme festlegt, ist die Grundschuld eine allgemeine Sicherheit, die für die gesamte Forderung aus dem Darlehen haftet.

Die Grundschuld bietet sowohl für die Bank als auch für den Kreditnehmer mehr Flexibilität. Sie erlaubt es der Bank, den gesamten Betrag des Darlehens abzusichern, unabhängig davon, ob es sich um eine einmalige Auszahlung oder um eine Kreditlinie handelt. Für den Kreditnehmer bedeutet die Verwendung einer Grundschuld, dass er nicht bei jeder Änderung seines Darlehensvertrags eine neue Grundschuld eintragen lassen muss, was Kosten und Zeit spart.

Die Eintragung der Grundschuld erfolgt im Grundbuch, was bedeutet, dass sie ein öffentliches Dokument ist und für potenzielle Käufer oder Gläubiger der Immobilie sichtbar ist. Die Grundschuld bleibt bestehen, bis das Hypothekendarlehen vollständig zurückgezahlt ist, woraufhin sie gelöscht wird.

7.1.4 Welche Rolle spielt das Eigenkapital bei einem Hypothekendarlehen?

Die Höhe des Eigenkapitals spielt eine entscheidende Rolle bei der Beantragung eines Hypothekendarlehens. Ein höherer Eigenkapitalanteil bedeutet, dass die Darlehensnehmer weniger Geld von der Bank leihen müssen, was wiederum das Risiko für die Bank verringert. In der Regel gilt der Grundsatz: Je höher das Eigenkapital, desto niedriger sind am Ende die Zinssätze bzw., desto günstiger sind die Gebühren.

Die meisten Banken schätzen eine solide Eigenkapitalbasis sehr, um das eigene Ausfallrisiko zu mindern. Ein höherer Eigenkapitalanteil signalisiert zudem Ihre finanzielle Stabilität und Ihre Fähigkeit, die monatlichen Raten zu bedienen.

Allerdings ist es unter bestimmten Voraussetzungen auch möglich, ein Hypothekendarlehen auch ohne Eigenkapital zu erhalten. In solchen Fällen kann die Bank zusätzliche Sicherheiten wie eine Bürgschaft oder eine höhere Zinsbelastung verlangen, um das höhere Risiko auszugleichen. Dadurch werden am Ende aber auch meistens wieder die Konditionen schlechter und die Rückzahlung ist erschwert.

7.1.5 Welche Vor- und Nachteile hat das Hypothekendarlehen bei der Immobilienfinanzierung?

Im Bereich der Immobilienfinanzierung bietet ein Hypothekendarlehen verschiedene Vor- und Nachteile, die immer genau gegeneinander abgewogen werden müssen.

Das sind die wichtigsten Vorteile
- *Günstigere Zinssätze*: Hypothekendarlehen haben oft niedrigere Zinssätze im Vergleich zu anderen Darlehensarten, da sie durch das Grundpfandrecht abgesichert sind. Dadurch entsteht für die Bank ein geringeres Risiko.
- *Langfristige Finanzierung*: Hypothekendarlehen werden oft über lange Laufzeiten von mehreren Jahren bis Jahrzehnte angeboten, was Kreditnehmern eine stabile und langfristige Finanzierung ermöglicht.

- *Steuerliche Vorteile*: In einigen Ländern können Kreditnehmer Zinsen für Hypothekendarlehen von ihrer Steuer absetzen, was die effektiven Kosten senken kann.
- *Flexibilität*: Hypothekendarlehen bieten oft flexible Rückzahlungsoptionen, wie z. B. die Möglichkeit, Sondertilgungen zu leisten oder die Laufzeit anzupassen.

Diese Nachteile sind mit einem Hypothekendarlehen verbunden
- *Hohe Kosten*: Die Abschlusskosten für Hypothekendarlehen können sehr hoch sein, da sie oft mit Gebühren und Auslagen verbunden sind, einschließlich der Grundbucheintragung und der Bewertungskosten.
- *Risiko des Zwangsverkaufs*: Da die Immobilie als Sicherheit dient, besteht das Risiko eines Zwangsverkaufs, falls der Kreditnehmer seine Zahlungen nicht leisten kann.
- *Begrenzte Flexibilität*: Hypothekendarlehen können weniger flexibel sein als andere Darlehensarten, insbesondere wenn es um vorzeitige Rückzahlungen oder Änderungen der Konditionen geht.
- *Abhängigkeit von der Immobilie*: Da das Hypothekendarlehen durch die Immobilie besichert ist, kann eine Wertminderung oder ein Wertverlust der Immobilie das Risiko für den Kreditgeber erhöhen und die Refinanzierung erschweren.

7.2 Privatkredite

Ein Privatdarlehen oder auch ein Privatkredit wird üblicherweise nicht von einer Bank, sondern von einer Privatperson gewährt. Gelegentlich verwenden Banken den Begriff „Privatkredit" auch als Synonym für die sogenannten Konsumkredite. Dabei handelt es sich um Darlehen, die von Banken oder anderen Finanzinstituten an Privatpersonen vergeben werden, um bestimmte Konsumgüter oder Dienstleistungen zu finanzieren, wie z. B. Autos, Möbel oder Urlaube. An dieser Stelle konzentrieren wir uns aber auf Privatkredite von Einzelpersonen und ihre Rolle in der Immobilienfinanzierung.

7.2.1 Wer vergibt Privatkredite?

Der Privatkredit wird in aller Regel von Freunden, Bekannten oder Verwandten vergeben. Es gibt darüber hinaus auch Onlineportale, auf denen sich private Kreditgeber anbieten. Hier muss unbedingt auf die Seriosität geachtet werden und darauf, dass keine Wucher-Konditionen aufgerufen werden. Ein Privatkredit hat viele Vorteile, denn es wird in aller Regel die Bonität kaum eingehend geprüft noch werden üblicherweise Sicherheiten verlangt. Dennoch kann es auch Nachteile haben, sich privat Geld zu leihen für ein Immobilienvorhaben.

7.2.2 Wie funktionieren Privatkredite?

Ein Privatkredit von Freunden funktioniert in der Regel auf informeller Ebene. Dabei leiht sich eine Person Geld von einem oder mehreren Freunden, um beispielsweise ein Immobilienprojekt zu finanzieren. Die Vereinbarungen und Konditionen für solche Darlehen können persönlich getroffen werden und müssen nicht formalisiert werden wie bei einem Bankkredit. Oft wird das Geld direkt zwischen den Freunden überwiesen oder bar übergeben. Es ist wichtig, klare Vereinbarungen über Rückzahlungsmodalitäten, Zinsen (falls vorhanden) und den Zeitpunkt der Rückzahlung zu treffen, um mögliche Missverständnisse oder Konflikte im Nachhinein zu vermeiden.

Privatkredite über Onlineportale funktionieren in der Regel etwas anders und sind an formelle Regelungen gebunden. Der Kreditsuchende erstellt ein Profil auf der Plattform und gibt Informationen über den gewünschten Kreditbetrag, die Laufzeit und den Verwendungszweck an. Anschließend prüfen potenzielle Geldgeber die Anfrage und entscheiden, ob sie den Kredit gewähren möchten. Wenn ein Geldgeber interessiert ist, werden die Konditionen ausgehandelt, und bei Einigung wird der Kreditbetrag bereitgestellt. Die Plattform fungiert dabei oft als Vermittler und übernimmt die Abwicklung und die Sicherstellung eines reibungslosen Transaktionsprozesses.

7.2.3 Welche Sicherheiten müssen bei einem Privatkredit heute hinterlegt werden?

Bei einem Privatkredit werden die Sicherheiten oftmals flexibler vereinbart und sind weniger standardisiert, als wenn eine offizielle Anfrage über ein Kreditinstitut gestellt wird. In der Regel werden bei Privatkrediten keine traditionellen Sicherheiten wie Grundschulden oder Bürgschaften verlangt. Stattdessen können andere Formen der Absicherung vereinbart werden, wie zum Beispiel:

- **Einkommensnachweise**: Der Kreditnehmer kann dazu aufgefordert werden, Einkommensnachweise vorzulegen, um die Rückzahlungsfähigkeit zu belegen.
- **Vermögenswerte**: Der Kreditgeber kann die Möglichkeit haben, Vermögenswerte des Kreditnehmers als Sicherheit zu akzeptieren, wie beispielsweise Fahrzeuge, Wertpapiere oder andere Immobilien.
- **Bürgschaften**: Obwohl Bürgschaften weniger verbreitet sind als bei Bankkrediten, können manche Kreditgeber eine Bürgschaft von einer dritten Partei verlangen, um das Ausfallrisiko zu verringern.
- **Vertragliche Vereinbarungen**: Kreditgeber und Kreditnehmer können vertraglich bestimmte Bedingungen festlegen, die im Falle von Zahlungsausfällen oder anderen Problemen gelten. Dies können beispielsweise Ratenzahlungen, Verzugszinsen oder andere Klauseln sein.

7.2.4 Welche Rolle spielt das Eigenkapital bei einem Privatkredit?

Bei der Vergabe von Privatkrediten spielt das Eigenkapital in aller Regel keine Rolle. Das Eigenkapital kann lediglich das Vertrauen zwischen dem Kreditgeber und dem Kreditnehmer stärken. Wenn der Kreditnehmer bereits einen beträchtlichen Betrag in das Projekt oder den Kauf investiert hat, kann dies dazu beitragen, das Vertrauen des Kreditgebers in die Rückzahlungsfähigkeit zu stärken.

7.2.5 Welche Vor- und Nachteile hat der Privatkredit bei der Immobilienfinanzierung?

Privatdarlehen haben wie alle Kreditarten Vor- und Nachteile. Im Folgenden finden Sie dazu die wichtigsten Punkte in dieser Übersicht zusammengefasst.

Die wesentlichen Vorteile von Privatkrediten
- **Günstiger Kredit:** Privatdarlehen sind in aller Regel günstiger verzinst als Bankdarlehen. Die Rückzahlungsmodalitäten können individuell vereinbart werden.
- **Flexible Vertragsgestaltung:** Aufgrund der Vertragsfreiheit können alle Details vertraglich festgelegt werden, ohne an bestimmte Formen oder Inhalte gebunden zu sein.
- **Keine Bonitätsnachweise:** Privatdarlehen sind meistens nicht an Bonitätsnachweise gebunden, da Privatpersonen selten Einkommensnachweise vorlegen müssen. In der Regel erfolgt auch keine Schufa-Abfrage.
- **Ratenpausen und andere Vereinbarungen:** Sollte es zu finanziellen Engpässen kommen, können Ratenpausen oder ähnliche Vereinbarungen bereits im Kreditvertrag ohne Aufpreis festgelegt werden.

Nachteile in Verbindung mit Privatkrediten
- **Kein Verbraucherschutz:** Kreditnehmer können nicht die üblichen Verbraucherschutzmaßnahmen in Anspruch nehmen, die normalerweise für Darlehensnehmer gelten. Sie sind in gewissem Maße auf das Wohlwollen des Kreditnehmers angewiesen, insbesondere in Bezug auf die Kreditlaufzeit und mögliche Zahlungsprobleme.
- **Fehlender formaler Rahmen:** Da Privatkredite zwischen Privatpersonen meistens kaum formal geregelt sind, können Missverständnisse und Streitigkeiten mit engen Vertrauten daraus entstehen.
- **Nicht für große & umfangreiche Kredite geeignet:** Privatkredite eignen sich oft besser für kleinere Beträge. Für große Kredite können oder wollen Privatpersonen oftmals nicht die erforderlichen Mittel bereitstellen oder möchten das Risiko nicht alleine tragen.

7.3 Crowdfunding und Peer-to-Peer-Lending (Crowdlending)

Das Crowdfunding hat sich in der Vergangenheit in vielen Bereichen bewährt, zum Beispiel um künstlerische Projekte zu fördern oder einzelne Personen bei ihren Vorhaben zu unterstützen. In der heutigen volatilen Wirtschaft, wo Zinssätze auf historische Tiefstände sinken und das Vertrauen in die Stabilität von Währungen schwindet, sehen immer mehr private Investoren Immobilien als attraktive Alternative für ein Investment an. Insbesondere in den letzten Jahren hat sich die Investition in Häuser und Wohnungen als Form der Geldanlage etabliert. Dank des innovativen Konzepts des Immobilien-Crowdfundings können jetzt auch Personen investieren, die aufgrund einer fehlenden Liquidität andernfalls von großen Immobilienprojekten ausgeschlossen wären. Das Immobilien-Crowdfunding eröffnet damit vielen Menschen eine neue Anlagemöglichkeit: Kleinanleger können über Online-Plattformen in eine Assetklasse investieren, die bisher nur institutionellen Anlegern zugänglich war. Dabei profitieren die Investoren von attraktiven Renditen bei kurzen bis mittelfristigen Laufzeiten.

7.3.1 Wer kann am Immobilien-Crowdfunding teilnehmen?

Das Crowdfunding für Immobilien steht grundsätzlich einer breiten Palette von Investoren offen. In der Regel sind es Einzelpersonen, die über ausreichendes Kapital verfügen und die Risiken verstehen, die sich an einem Crowdfunding-Projekt beteiligen. Firmeninhaber und Selbstständige können ebenfalls in Immobilien-Crowdfunding investieren, um ihr Portfolio zu diversifizieren oder ihr Kapital zu erhöhen. Darüber hinaus ist diese Form der Immobilienfinanzierung auch für professionelle Investoren wie Investmentfonds, Versicherungsgesellschaften und Pensionsfonds interessant, die größere Summen investieren können.

7.3.2 Wie funktioniert das Crowdfunding für Immobilien?

Für die Finanzierung einer Immobilie mit einem Bankkredit ist immer ein gewisser Anteil an Eigenkapital erforderlich. Nicht jeder Projektentwickler verfügt über ausreichend Eigenkapital für einen Bankkredit, insbesondere dann, wenn er mehrere Projekte gleichzeitig verwaltet. In solchen Fällen wenden sich Entwickler an Mezzanine-Kapitalgeber. Diese können institutionelle Investoren, Family Offices oder sogar Anleger sein, die über Crowdfunding in Immobilien investieren. Die Crowd stellt dann das benötigte Eigenkapital bereit, häufig in Form eines nachrangigen Darlehens.

Das Crowdfunding für Immobilien funktioniert im Allgemeinen folgendermaßen
1. **Auswahl der Plattform:** Es gibt verschiedene Crowdfunding-Plattformen wie beispielsweise dagobertinvest, das Digital Invest von Engels&Völkers, Planet Home Invest oder Expuro. Investoren wählen im ersten Schritt eine geeignete Crowdfunding-Plattform aus, die Immobilienprojekte anbietet und ihren Anlagezielen entspricht.
2. **Projektauswahl:** Auf der Plattform werden verschiedene Immobilienprojekte präsentiert, in die Investoren investieren können. Diese Projekte werden von Entwicklern oder Immobilienunternehmen eingestellt, die nach einer Möglichkeit der Immobilienfinanzierung suchen.
3. **Investitionsentscheidung:** Investoren prüfen die angebotenen Projekte, holen Informationen über die Immobilie selbst, die potenzielle Rendite, die Risiken und andere relevante Faktoren ein. Basierend auf diesen Informationen treffen sie eine Entscheidung darüber, in welches Projekt sie investieren möchten.
4. **Investmentbeitrag:** Investoren leisten ihren Beitrag zum Projekt, indem sie Geld über die Crowdfunding-Plattform einzahlen. Oft gibt es Mindestinvestitionssummen, die zu beachten sind.
5. **Projektfinanzierung:** Sobald genügend Geld gesammelt wurde und das Finanzierungsziel erreicht ist, wird das Projekt finanziert. Die Mittel werden dann verwendet, um die Immobilie zu erwerben, zu entwickeln oder zu renovieren, je nach Art des Projekts.

6. **Laufzeit und Rendite:** Die Laufzeit des Investments und die Rendite werden in der Regel im Voraus festgelegt. Die Investoren erhalten entweder regelmäßige Zinszahlungen während der Laufzeit des Projekts oder eine einmalige Auszahlung am Ende der Laufzeit, abhängig von den Vereinbarungen.
7. **Projektmanagement und Überwachung:** Während des Projekts wird der Fortschritt von den Entwicklern und der Crowdfunding-Plattform überwacht. Investoren können den Fortschritt verfolgen und werden auf dem Laufenden gehalten.
8. **Rückzahlung und Ausstieg:** Am Ende der Laufzeit des Projekts oder zu einem vereinbarten Zeitpunkt erhalten die Investoren ihre Investition zurück, zusammen mit den erwirtschafteten Renditen.

7.3.3 Welche Immobilienarten eignen sich für eine Crowndfunding-Finanzierung?

Wenn Immobilienprojekte durch Crowdfunding finanziert werden sollen, müssen sie für potenzielle Anleger besonders attraktiv sein. Während Crowdfunding-Plattformen eine Vielzahl von Immobilienprojekten anbieten, haben vor allem zwei Arten von Immobilien besonders Potenzial für die Crowdfunding-Finanzierung.

An erster Stelle stehen hier Wohnimmobilien, die das größte Interesse von Investoren und Projektentwicklern gewinnen und besonders gefragt sind. Des Weiteren sind auch Büroimmobilien geeignete Crowdinvestment-Projekte. Einzelhandels- und Hotelimmobilien hingegen werden von Branchenexperten als weniger vielversprechend eingeschätzt. Dies liegt zum Teil an der Größe der Projekte, aber auch an der schwer vorhersehbaren Entwicklung dieser Geschäftsarten.

7.3.4 Welche Rolle spielt das Eigenkapital beim Crowdfunding?

Das Eigenkapital wird von den Investoren, die sich über die Crowdfunding-Plattform beteiligen, eingebracht. Es wird in aller Regel in der vereinbarten Höhe auf das Konto der Plattform überwiesen. Diese Investoren tragen einen Teil des finanziellen Risikos des Projekts und erhalten im Gegenzug eine entsprechende Rendite, entweder in Form von Zinsen, Beteiligungen am Gewinn oder einer Kombination aus beidem.

7.3.5 Der Unterschied zwischen Crowdfunding und Crowdlending?

Das Crowdfunding und das Crowdlending von Immobilien sind beides Formen der Kapitalbeschaffung für Immobilienprojekte durch eine Gruppe von Investoren. Allerdings unterscheiden sich diese Arten der Immobilienfinanzierung sowohl in den Mechanismen als auch den Erwartungen der Investoren voneinander.

- **Crowdfunding von Immobilien**: Beim Crowdfunding von Immobilien investieren eine Gruppe von Anlegern gemeinsam in ein Immobilienprojekt, indem sie Kapital über eine Online-Plattform bereitstellen. Diese Investitionen können in Form von Eigenkapital oder Eigenkapitalanteilen erfolgen, wobei die Investoren typischerweise eine Beteiligung am Projekt erhalten. Die Rendite für die Investoren kann aus Mieteinnahmen, Wertsteigerungen der Immobilie oder anderen Erträgen stammen. Das Crowdfunding von Immobilien ermöglicht es den Investoren, in Immobilien zu investieren, ohne die Immobilie direkt zu besitzen oder sie zu verwalten.
- **Crowdlending von Immobilien**: Beim Crowdlending leihen Investoren Geld an Immobilienprojekte oder -entwickler über eine Online-Plattform. Die Investoren erhalten im Gegenzug für ihr Darlehen Zinsen und Rückzahlungen gemäß den vereinbarten Konditionen. Anders als beim Crowdfunding von Immobilien, bei dem die Investoren eine direkte Beteiligung am Projekt erhalten, fungieren die Investoren beim Crowdlending als Kreditgeber und erwarten eine finanzielle Rendite in Form von Zinsen. Das Risiko und die Rendite hängen oft von der Bonität des Kreditnehmers und der Sicherheit des Projekts ab.

Insgesamt besteht der Hauptunterschied zwischen Crowdfunding und Crowdlending von Immobilien darin, dass beim Crowdfunding die Investoren eine direkte Beteiligung am Immobilienprojekt erhalten, während beim Crowdlending die Investoren als Kreditgeber fungieren und eine Rendite in Form von Zinsen erwarten.

Ein weiterer zentraler Unterschied besteht im Rückzahlungsanspruch der Investoren. Beim Crowdfunding hängt der finanzielle Erfolg des Anlegers von der erfolgreichen Umsetzung des Projekts ab, während beim Crowdlending klare Regelungen gelten. Es gibt meistens feste Vereinbarungen über Ratenausfallversicherungen, vereinbarte Kreditlaufzeiten und Zinsen sind integraler Bestandteil eines Crowdlending-Vertrags. Beim Crowdfunding hingegen ist dies eher eine Frage des Glücks.

7.3.6 Welche Vor- und Nachteile hat das Hypothekendarlehen bei der Immobilienfinanzierung?

In der Regel erwarten Banken bei der Finanzierung von Immobilienprojekten, dass das Projekt über mindestens 20 % Eigenkapital verfügt. Durch Crowdinvesting erhalten Projektentwickler die Möglichkeit, sogenanntes Mezzanine-Kapital über die Crowd zu beschaffen. Dies ist eine für viele Projektentwickler attraktive Art der Hybridfinanzierung, die Elemente von Eigen- und Fremdkapital miteinander kombiniert. Aus Sicht der Bank wird das nachrangige Crowdkapital als Eigenkapital betrachtet, was zusätzliche Sicherheit für die Bank bedeutet. Dadurch hat die Darlehensforderung der Bank Vorrang vor den Ansprüchen der Crowdinvestoren.

Vorteile einer Immobilienfinanzierung via Crowdfunding für Projektentwickler & Investoren
Das System funktioniert deshalb, weil das Crowdfunding nicht nur für die Projektentwickler, sondern auch für die Investoren attraktiv ist.

- **Attraktive Zinsen:** Noch bevor das Immobilien-Crowdfunding überhaupt aufkam, waren viele Immobiliengesellschaften bereits auf Mezzanine-Darlehen angewiesen, um genügend Eigenkapital für das später aufgenommene Bankdarlehen zu haben. Für Immobiliengesellschaften ist es letztendlich vorteilhafter, Investoren hohe Zinsen zu zahlen, anstatt das gesamte Eigenkapital selbst aufzubringen. Dadurch können sie ihre Liquidität erhalten und gleichzeitig weitere Projekte umsetzen.

- **Ausführliche Informationen:** Crowdfunding-Plattformen für Immobilien stellen umfassende Informationen zu den angebotenen Projekten bereit. Investoren erhalten detaillierte Einblicke in die Projektbeschreibung, die geplante Nutzung, die erwarteten Renditen und die Risiken sowie Informationen über den Mikro- und den Makrostandort. Dies ermöglicht es Investoren, fundierte Entscheidungen zu treffen und ihre Investitionen entsprechend ihren individuellen Anlagezielen und Risikotoleranzen zu diversifizieren.
- **Hohe Sicherheit:** Crowdfunding-Plattformen für Immobilien setzen strenge Kriterien für die Zulassung von Projekten fest. Projekte werden in der Regel nur dann zugelassen und veröffentlicht, wenn sie bereits eine Bankfinanzierung haben und über eine gültige Baugenehmigung verfügen. Dies bietet den Investoren eine zusätzliche Sicherheit, da die Projektgenehmigung und die finanzielle Machbarkeit bereits durch externe Institutionen überprüft wurden.
- **Niedrige Einstiegsschwelle:** Die Beteiligung am Crowdfunding für Immobilien ist bereits ab relativ geringen Beträgen möglich. Viele Plattformen ermöglichen es Investoren, sich bereits ab 500 € an Immobilienprojekten zu beteiligen, was eine niedrige Einstiegsschwelle darstellt und die Möglichkeit bietet, das eigene Investment-Portfolio erheblich zu diversifizieren.
- **Kurze Laufzeiten:** Crowdfunding-Immobilienprojekte haben meistens nur vergleichsweise kurze Laufzeiten. Dadurch steht den Investoren das eingesetzte Kapital schnell wieder zur Verfügung.
- **Attraktive, feste Verzinsung:** Investoren erhalten in der Regel eine attraktive und feste Verzinsung für ihre Investitionen in Crowdfunding-Immobilienprojekte. Diese Zinssätze sind oft wettbewerbsfähig im Vergleich zu anderen Anlageformen und bieten eine regelmäßige Einnahmequelle.
- **Hautnahes Miterleben der Projektentwicklung:** Investoren haben die Möglichkeit, die gesamte Entwicklung des Immobilienprojekts hautnah mitzuerleben. Dies kann von Baufortschritten bis hin zu Vermietungs- oder Verkaufsergebnissen reichen. Diese Transparenz

schafft Vertrauen und ermöglicht es den Investoren, den Fortschritt ihres Investments zu verfolgen.
- **Lokale Immobilienprojekte:** Bei Schwarmfinanzierungen werden in der Regel lokale Immobilienvorhaben unterstützt. Die Investoren sind direkt an konkreten Bauprojekten in ihrer unmittelbaren Umgebung beteiligt. Sie haben eine direkte Verbindung zu den Projekten, wodurch die Investitionen konkret und nicht abstrakt sind. haben und nicht abstrakt bleiben.
- **Keine Zusatzkosten:** Beim Immobilien-Crowdfunding über Plattformen entstehen in der Regel keine zusätzlichen Kosten. Neben dem investierten Kapital werden meistens keine Gebühren für Transaktionen oder die Verwaltung erhoben. So ziehen Investoren den vollen Nutzen aus ihrem Investment.

Nachteile in Verbindung mit einer Crowdfunding-Finanzierung
- **Risiko Nachrangdarlehen:** Das Geld der Crowd-Anleger wird üblicherweise in Form eines Nachrangdarlehens investiert, was bedeutet, dass die Anleger im Falle einer Insolvenz des Projekts als letzte ihr Geld zurückbekommen. Im schlimmsten Fall könnten sie leer ausgehen. Diese Nachrangigkeit stellt ein erhebliches Risiko dar, da die Rückzahlung des Kapitals von anderen Gläubigern priorisiert wird.
- **Auswirkungen von Wertminderungen:** Des Weiteren ist die Eigenkapitalquote der Anleger bei dieser Form der Finanzierung oft niedrig. Dadurch können selbst geringfügige Wertminderungen der Immobilie erhebliche Auswirkungen haben. Eine Wertminderung kann sich negativ auf die Verzinsungschancen auswirken und die Rendite der Anleger drastisch reduzieren.
- **KMU Projekte:** In vielen Fällen werden durch Crowdfunding nur Projekte kleiner und mittlerer Unternehmen realisiert. Es ist jedoch oft schwierig, die Professionalität und den Erfolg dieser Unternehmen bei der Umsetzung ihrer Projekte vorherzusagen. Dies erhöht das Risiko eines Scheiterns des Projekts, da die Erfolgsaussichten und die Zuverlässigkeit der Entwickler nicht immer klar erkennbar sind.
- **Keine Banklizenzen:** Zusätzlich dazu verfügen Crowdfunding-Plattformen in der Regel nicht über Banklizenzen. Daher sind die Anleger selbst für die Abführung von Abgeltungssteuern verantwort-

lich. Bei umfangreichen Investitionen müssen die Kosten für steuerliche Beratung berücksichtigt werden, was zu zusätzlichen finanziellen Belastungen führen kann.

7.3.7 Welche Risiken sind mit einem Immobilien-Crowdfunding verbunden?

Die Risiken entstehen vor allem auf der Seite der Investoren, die das potenzielle Risiko eines Totalverlustes tragen. Wenn der Projektentwickler beispielsweise insolvent wird und nicht in der Lage ist, Darlehen zurückzuzahlen, besteht das Risiko, dass das investierte oder geliehene Geld nicht zurückgezahlt werden kann. Um dieses potenzielle Risiko zu mindern, bieten einige Plattformen ausschließlich besicherte Bankdarlehen anstelle von nachrangigen Darlehen an.

7.4 Verkäuferfinanzierung von Immobilien

Eine Verkäuferfinanzierung, auch bekannt als Eigentümerfinanzierung oder Verkäuferdarlehen, ist eine Art von Finanzierung, bei der der Verkäufer einer Immobilie dem Käufer einen Teil oder die gesamte Finanzierung für den Kauf der Immobilie gewährt. Mit anderen Worten, der Verkäufer übernimmt vorübergehend die Rolle eines Kreditgebers für den Käufer.

7.4.1 Wie funktioniert eine Verkäuferfinanzierung?

In der Regel folgt ein Verkäuferdarlehen bzw. eine Verkäuferfinanzierung einem festen Ablauf.

1. Passende Immobilie & Verkäufer finden: Nicht alle Immobilien oder Verkäufer sind gleichermaßen gut für eine Verkäuferfinanzierung geeignet. Als geeignet gelten Immobilien, bei denen der Verkäufer das Recht hat, eine Finanzierung anzubieten.
2. Verhandlung der Konditionen: Wenn Verkäufer und Immobilie gefunden sind, dann erfolgt eine Verhandlung über die Kreditkonditionen.

Dazu gehören Zinssatz, Anzahlung, Rückzahlungsplan und andere relevante Bedingungen.
3. Ausarbeitung eines Schuldschein- und Hypothekenvertrags: Der Hypothekenvertrag sichert die Immobilie als Sicherheit für das Darlehen und ermöglicht dem Verkäufer die Zwangsvollstreckung, wenn der Käufer die Zahlungen nicht leistet.
4. Abschluss der Transaktion und Beginn der Zahlungen: Nach Abschluss der Verträge erfolgt unter anderem die Übertragung des Eigentumstitels und die Zahlung etwaiger Abschlusskosten. Anschließend beginnt die Zahlung der monatlichen Raten gemäß den vereinbarten Bedingungen an den Verkäufer.

7.4.2 In welchen Fällen macht ein Verkäuferdarlehen Sinn?

Angenommen, Sie planen den Kauf einer Immobilie im Wert von 900.000 €. Aufgrund eines begrenzten Eigenkapitals legt die Bank vergleichsweise hohe Zinssätze fest. Um Ihre Eigenkapitalquote zu verbessern, verhandeln Sie mit dem Verkäufer und einigen sich auf ein Verkäuferdarlehen in Höhe von 7 % des Kaufpreises, also 63.000 €.

Sie haben nun zusätzlich 63.000 € Eigenkapital vom Verkäufer, sodass die Bank den Zinssatz entsprechend senken und Ihnen somit insgesamt bessere Kreditkonditionen gewähren kann. Allerdings bedeutet dies auch eine höhere monatliche Belastung, da Sie neben den Kreditraten für die eigentliche Immobilienfinanzierung auch die Raten für das Verkäuferdarlehen bedienen müssen. Letztlich ist es nur dann wirtschaftlich sinnvoll, wenn Sie durch die niedrigeren Zinsen der Hauptfinanzierung genug sparen, um die höheren Zinsen des kleineren Verkäuferdarlehens auszugleichen.

Alternativ kann eine Verkäuferfinanzierung auch zu 100 % für die Immobilienfinanzierung genutzt werden. Die Konditionen können dann sehr viel freier verhandelt werden, als wenn Sie parallel noch mit der Bank verhandeln müssten.

Meistens wird das Verkäuferdarlehen von Menschen in Anspruch genommen, wie wenig Eigenkapital aber trotzdem ein hohes Einkommen haben. Oftmals wird die Verkäuferfinanzierung auch innerhalb der Familie angeboten.

7.4.3 Welche Vor- und Nachteile hat die Verkäuferfinanzierung von Immobilien?

In Zeiten, in denen klassische Bankdarlegen an Attraktivität verlieren bzw. aufgrund eines fehlenden Eigenkapitals gar nicht mehr zur Verfügung stehen, gewinnen alternative Möglichkeiten der Immobilienfinanzierung zunehmend an Bedeutung. Die Verkäuferfinanzierung von Immobilien birgt wie jede andere Form der Finanzierung sowohl Vor- als auch Nachteile.

Vorteile der Verkäuferfinanzierung
- **Größere Käuferbasis:** Die Möglichkeit einer Verkäuferfinanzierung erweitert die potenzielle Käuferbasis. Auch diejenigen, die keine Bankenfinanzierung bekommen würden oder nur zu schlechten Konditionen bekommen Zugang zu Immobilienprojekten.
- **Attraktivität für Käufer:** Die Flexibilität und die potenziell günstigeren Konditionen einer Verkäuferfinanzierung können Immobilien für Käufer attraktiver machen, insbesondere dann, wenn sie keine ausreichenden Eigenkapitalreserven haben.
- **Schnellerer Immobilienverkauf:** Weil Sie nicht die klassischen Genehmigungsverfahren der Bank durchlaufen müssen, kann der Verkaufsprozess sehr viel schneller abgewickelt werden. Sie brauchen nicht lange auf eine Kreditgenehmigung warten, sondern können sich mit dem Käufer auf eine Finanzierung einigen.
- **Zusätzliche Einnahmen für den Verkäufer:** Der Verkäufer kann durch Zinsen und Gebühren, die im Rahmen der Verkäuferfinanzierung vereinbart werden, zusätzliche Einnahmen generieren.

Mögliche Nachteile einer Verkäuferfinanzierung
- **Risiko für den Verkäufer:** Der Verkäufer trägt ein gewisses Risiko, denn es kann immer passieren, dass der Käufer die vereinbarten Ratenzahlungen nicht leisten kann.
- **Liquiditätsbindung:** Der Verkäufer bindet mit der Verkäuferfinanzierung einen Teil seines Kapitals für einen längeren Zeitraum.
- **Begrenzte Verhandlungsmöglichkeiten:** Wenn der Verkäufer eine Finanzierungsoption anbietet, kann schränkt dies die Verhandlungs-

möglichkeiten über den Verkaufspreis oder andere Verkaufsbedingungen sehr stark ein. Potenzielle Käufer können nicht erwarten, dass der Verkäufer Zugeständnisse macht.
- **Administrativer Aufwand:** Die Einrichtung und Verwaltung einer Verkäuferfinanzierung erfordert zusätzliche administrative Arbeit und möglicherweise rechtliche Unterstützung, um sicherzustellen, dass alle Verträge und Vereinbarungen korrekt sind.

7.5 Immobilienfinanzierung über Nachrangdarlehen

Nachrangdarlehen sind eine spezielle Form der Fremdfinanzierung, die bei Immobilienprojekten zunehmend an Bedeutung gewinnt. Im Gegensatz zu herkömmlichen Darlehen haben Nachrangdarlehen eine niedrigere Priorität im Falle einer Insolvenz oder der Liquidation des Unternehmens. Dies bedeutet, dass sie erst nach anderen Schulden bedient werden, was ein höheres Risiko für die Investoren mit sich bringt. Trotzdem werden Nachrangdarlehen oft genutzt, da sie für die Projektentwickler eine flexible und kostengünstige Finanzierungsmöglichkeit sind.

7.5.1 Was ist ein Nachrangdarlehen?

Nachrangdarlehen sind eine spezielle Form klassischer Darlehen, die im Rang hinter anderen finanziellen Verpflichtungen stehen. Im Falle einer Insolvenz oder Liquidation werden diese Darlehen erst bedient, nachdem alle vorrangigen Zahlungsverpflichtungen wie Bank- oder Gläubigerforderungen erfüllt wurden. Die Grundschuld wird als Grundpfandrecht nicht an erster Stelle im Grundbuch, sondern an zweiter oder dritter Stelle eingetragen. Dadurch kommt die Bezeichnung „Nachrangfinanzierung" zustande.

In der Regel werden Nachrangdarlehen ohne Sicherheiten mit dem Darlehensnehmer abgeschlossen, was für die Darlehensgeber mit einem entsprechend höheren Risiko verbunden ist, das sich wiederum in höheren Zinsaufschlägen widerspiegelt. Banken gewähren Nachrangdarlehen nur sehr zögerlich und oft erst nach einer gründlichen Prüfung des Kunden. Diese Darlehen haben typischerweise Laufzeiten von fünf bis zehn Jahren und können entweder in mehreren Raten oder am Ende der Laufzeit zurückgezahlt werden.

Nachrangdarlehen werden in der Regel von Unternehmen beantragt und zählen zum Mezzanine-Kapital. Im Falle einer Liquidation oder Insolvenz treten die Forderungen aus Nachrangdarlehen hinter andere Forderungen gegen das Unternehmen zurück.

Der Begriff „Nachrangdarlehen" wird oftmals missverstanden. Es bedeutet nicht, dass der gewährte Kredit von geringerer Bedeutung ist. Es handelt sich immer noch um ein Darlehen, das genauso wichtig und verbindlich ist wie ein herkömmliches Darlehen.

> **Ein Beispiel für ein Nachrangdarlehen**
>
> Angenommen, der Verkehrswert einer Immobilie wird auf 500.000 € geschätzt. Nach einer ersten Baufinanzierung ist das Objekt mit einem Betrag von 300.000 € im Grundbuch erstrangig belastet worden. Durch bisherige Ratenzahlungen beträgt die Restschuld gegenüber dem ersten Gläubiger nur noch 250.000 €. Nun wird über ein Nachrangdarlehen in Höhe von 80.000 € für einen weiteren Gläubiger eine zusätzliche Schuld eingetragen, die im Rang nachfolgend steht. Das Nachrangdarlehen soll in diesem Beispiel dazu dienen, eine Erweiterung der Immobilie durch einen zusätzlichen Anbau und damit verbunden auch eine Wertsteigerung zu finanzieren.

7.5.2 Das ist der entscheidende Unterschied zwischen einem erstrangingen und einem nachrangigen Darlehen

Die Unterschiede zwischen erstrangiger Finanzierung und Nachrangfinanzierung liegen in der Priorität der Gläubiger und den damit verbundenen Risiken für die Geldgeber. Angenommen die Finanzierung eines Immobilienprojektes wird über die Bank abgewickelt. Bei einer erstrangigen Finanzierung wird die Bank als erster Gläubiger mit Vorrecht ins Grundbuch eingetragen. Im Gegensatz dazu wird bei einer Nachrangfinanzierung die Bank, die Ihnen die zweite Baufinanzierung gewährt, nachrangig hinter der ersten Bank im Grundbuch eingetragen. Daher spricht man von einem Nachrangdarlehen oder einer Nachrangfinanzierung.

7 Darlehensmöglichkeiten für Immobilieninvestitionen

Der Grundbucheintrag dient beiden Banken als Sicherheit für das verliehene Geld. Im Falle der Zahlungsunfähigkeit hat die erste Bank Vorrang bei der Verwertung der Sicherheiten und erst danach wird die zweite Bank bedacht. Da das Risiko für die zweite Bank höher ist und ungewiss ist, ob nach einer potenziellen Zwangsversteigerung noch Mittel für sie übrig bleiben, sind Nachrangfinanzierungen mit einem höheren Risiko verbunden. Aus diesem Grund sind Nachrangdarlehen in der Regel teurer als erstrangige Finanzierungen, was die zweite Bank dann in diesem Fall durch höhere Zinsen ihr Risiko ausgleicht.

7.5.3 Eine Sonderform ist das partiarische Nachrangdarlehen

Ein partiarisches Nachrangdarlehen unterscheidet sich von herkömmlichen Darlehen dadurch, dass die Bank oder ein anderer Gläubiger anstelle von festen Zinsen einen Anteil am Gewinn oder Umsatz des Kreditnehmers erhält. Die Konditionen und Überwachungskriterien werden von beiden Parteien frei vereinbart, üblicherweise durch einen Vertrag. Es ist wichtig anzumerken, dass partiarische Nachrangdarlehen nicht mit stillen Beteiligungen verwechselt werden sollten, da die Vertragsparteien rechtlich nicht in einer Gesellschaft verbunden sind.

7.5.4 Wer sind die Kreditgeber bei einem Nachrangdarlehen?

Für die Finanzierung größerer Immobilienvorhaben stehen nicht nur traditionelle Finanzierungsinstitute wie Banken und Sparkassen zur Verfügung. Es gibt verschiedene Alternativen, um ein Nachrangdarlehen zu erhalten:

- KfW-Wohneigentumsprogramm: Einige Banken akzeptieren KfW-Darlehen aus dem KfW-Wohneigentumsprogramm als Nachrangdarlehen. Bei einem höheren Finanzierungsbedarf lohnt es sich daher, gezielt nach solchen Angeboten zu fragen und sie in den Finanzierungsvergleich einzubeziehen.

- Bauspardarlehen: Bausparkassen können bei einem Bausparvertrag je nach Höhe des Finanzierungsbedarfs ein Nachrangdarlehen gewähren. Oft werden sogar Beträge bis zu 30.000 € ohne Grundbucheintrag vergeben, vorausgesetzt, der Beleihungswert überschreitet nicht 80 %.
- Verkäuferdarlehen: Der Verkäufer selbst kann als Darlehensgeber für ein Nachrangdarlehen fungieren, indem er einen Teil des Kaufpreises stundet.
- Privatdarlehen: Verwandte und Freunde können ebenfalls Privatdarlehen gewähren und als Sicherheit eine nachrangige Grundschuld im Grundbuch eintragen lassen. Diese Art von Darlehen hat jedoch in der Regel niedrigere Beträge, typischerweise zwischen fünf bis zehn Prozent des Kaufpreises oder Darlehenssummen von etwa 10.000 bis 30.000 €, aufgrund der damit verbundenen Risiken.

Die Suche nach vertrauenswürdigen und zuverlässigen Anbietern von Nachrangdarlehen gestaltet sich heute aufgrund der Vielzahl an Kreditgebern als anspruchsvoll. Mit zunehmender Zahl von Marktteilnehmern treten auch fragwürdige Anbieter auf den Plan. Die Bundesanstalt für Finanzdienstleistungsaufsicht (BaFin) überwacht diesen Sektor ständig und veröffentlicht Informationen über unseriöse Anbieter. Potenzielle Investoren sollten besonders wachsam sein, wenn unrealistische Zins- und Vertragsbedingungen beworben werden. Es ist ratsam, alle erforderlichen Vertrags- und Prospektunterlagen sorgfältig zu prüfen und im Zweifelsfall einen Finanzberater zu konsultieren.

7.5.5 Welche Rolle spielt das Eigenkapital bei der Nachrangfinanzierung?

Da die Nachrangfinanzierung einem klassischen Darlehen sehr ähnlich ist, spielt auch hier das Eigenkapital eine gewisse Rolle bei der Ausgestaltung der Verträge. Generell werden für Nachrangdarlehen sehr viel höhere Zinsen veranschlagt. Der Grund ist das erhöhte Risiko, das der Geldgeber hier tragen muss. Ein hohes Eigenkapital beispielsweise auch in Form von anderen, bereits abbezahlten Immobilien erhöht die Sicherheit und vermindert daher das Risiko. Das stärkt wiederum die Verhandlungsposition.

7.5.6 Das sind die Besonderheiten einer Nachrangfinanzierung

An die Beantragung von Nachrangdarlehen werden meistens bestimmte Bedingungen geknüpft. Dazu gehört, dass die Restschuld der bestehenden Finanzierung nicht höher sein als die Summe, die Sie für das Nachrangdarlehen aufnehmen möchten. Außerdem darf die Summe der Restschuld aus der ersten Finanzierung und der neuen Kreditsumme aus dem Nachrangdarlehen den Beleihungsauslauf von 80 % nicht überschreiten. Der Beleihungsauslauf ist dabei das Verhältnis zwischen dem Wert der Immobilie und der Gesamthöhe aller aufgenommenen Kredite. Ein niedrigerer Beleihungsauslauf zeigt an, dass Sie mehr Eigenkapital in die Finanzierung einbringen, was das Risiko für die Bank verringert und Ihnen günstigere Zinskonditionen verschafft.

7.5.7 Welche Vor- und Nachteile hat eine Nachrangfinanzierung für Projektentwickler?

Aufgrund der höheren Zinsbelastung, die am Ende auch mit einer Erhöhung der Gesamtkosten verbunden ist, sind Nachrangdarlehen meistens nicht die erste Wahl bei der Immobilienfinanzierung. Dennoch ist diese Finanzierungsvariante auch mit Vorteilen verbunden:

- **Zusätzliche Finanzierungsmöglichkeit:** Nachrangdarlehen bieten Projektentwicklern eine zusätzliche Quelle für die Finanzierung. Sie können darüber Kapital für ihre Projekte beschaffen, ohne dabei weitere Sicherheiten bereitstellen zu müssen.
- **Stärkung der Eigenkapitalbasis:** Durch die Aufnahme eines Nachrangdarlehens können Projektentwickler ihre Eigenkapitalbasis stärken und damit ihre Bonität verbessern. Das öffnet wiederum Wege für weitere Finanzierungsmöglichkeiten.
- **Kaum Sicherheiten nötig:** In der Regel werden für eine Nachrangfinanzierung keine weiteren Sicherheiten gefordert. Immerhin ist die Finanzierung auf der ersten Ebene bereits gesichert.
- **Zusätzliche Finanzierungslösung:** Auch wenn bereits eine Grundschuld ersten Ranges besteht, kann ein Nachrangdarlehen immer noch eine at-

traktive Finanzierungslösung sein. Trotz der bestehenden Sicherheit für den ersten Gläubiger eröffnet ein Nachrangdarlehen Projektentwicklern die Möglichkeit, zusätzliches Kapital zu beschaffen, ohne die bestehende Sicherheit zu beeinträchtigen. Dies bietet Flexibilität und kann insbesondere dann von Vorteil sein, wenn die vorhandenen Sicherheiten nicht ausreichen oder nicht weiter belastet werden können.

Nachteile einer Nachrangfinanzierung für die Projektentwickler
- **Höhere Kosten:** Nachrangdarlehen sind in der Regel teurer als traditionelle Bankkredite, da sie mit höheren Zinsen verbunden sind, um das höhere Risiko für die Gläubiger auszugleichen.
- **Rangfolge im Insolvenzfall:** Im Falle einer Insolvenz stehen Nachrangdarlehen hinter anderen Verbindlichkeiten und werden daher erst bedient, nachdem die Ansprüche anderer Gläubiger erfüllt wurden. Dies kann bedeuten, dass im Falle einer Insolvenz möglicherweise nicht genügend Mittel vorhanden sind, um das Nachrangdarlehen vollständig zu bedienen.
- **Begrenzte Verfügbarkeit:** Nachrangdarlehen stehen nur in begrenztem Umfang zur Verfügung oder sind nicht für alle Projektentwicklungen geeignet. Einige Investoren und Gläubiger sind nicht bereit, das höhere Risiko eines Nachrangdarlehens einzugehen.

Insgesamt kann ein Nachrangdarlehen für Projektentwickler eine sinnvolle und attraktive Finanzierungslösung sein, insbesondere dann, wenn traditionelle Bankkredite nicht verfügbar sind oder für die komplette Finanzierung nicht ausreichen.

Ihr Transfer in die Praxis
- Es gibt zahlreiche Darlehensformen, mit denen die klassische Bankenfinanzierung in den Hintergrund rückt
- Eine Immobilienfinanzierung kann sich aus mehreren Darlehensformen zusammensetzen
- Faktoren wie das Eigenkapital, die Sicherheiten und Konditionen müssen immer für jedes Projekt individuell gegeneinander abgewogen werden

8

Immobilienfinanzierung durch Partnerschaften und Beteiligungen

> **Was Sie aus diesem Kapitel mitnehmen**
> - Welche Rolle Partnerschaften bei der Immobilienfinanzierung spielen
> - Welche Formen von Partnerschaften und Beteiligungen es gibt
> - Welche Vor- und Nachteile diese Finanzierungsformen mit sich bringen

Immobilienfinanzierung durch Partnerschaften und Beteiligungen ist eine alternative Methode, um Kapital für Immobilienprojekte zu beschaffen. Dabei schließen sich Investoren zusammen, um gemeinsam in ein Immobilienprojekt zu investieren. Diese Partnerschaften können in verschiedenen Formen auftreten, die wir in diesem Kapitel näher beleuchten werden.

8.1 Joint Ventures

Die branchenübergreifende, partnerschaftliche Verwaltung von Immobilien hat großes Potenzial für die Zukunft. Es handelt sich dabei um Kooperationen oder Partnerschaften zwischen zwei oder mehreren Parteien, die nicht zwingend aus der Immobilienbranche kommen müssen und trotzdem gemeinsam in ein Immobilienprojekt investieren. Im Rahmen eines Joint Ventures vereinbaren die beteiligten Parteien, ihre Ressourcen, ihre Fachkenntnisse und ihre finanziellen Mittel zu bündeln, um ein bestimmtes Immobilienprojekt zu entwickeln, es zu erwerben oder es zu betreiben. Diese Partnerschaft kann zwischen verschiedenen Arten von Organisationen oder Individuen bestehen, zum Beispiel zwischen Unternehmen, zwischen Investorengruppen oder Immobilienentwicklern. Um Immobilienprojekte mittels einer Joint-Venture-Finanzierung realisieren zu können, bedarf es zunächst der Gründung einer Projektgesellschaft. Diese Gesellschaft wird von den Projektpartnern, einschließlich der Projektentwickler, der Kreditinstitute und anderer Partner wie Baugesellschaften, als Anteilseigner gebildet.

8.1.1 Es gibt verschiedene Arten von Joint Ventures

Strategische und nicht-strategische Joint Ventures unterscheiden sich sowohl in ihren Zielen und Zwecken als auch in der Art der Zusammenarbeit.

Strategische Joint Ventures bei Immobilienprojekten
- **Ziele:** Strategische Joint Ventures werden bei Immobilienvorhaben eingegangen, um langfristige strategische Ziele zu erreichen, die für das Wachstum und die Wettbewerbsfähigkeit der beteiligten Unternehmen entscheidend sind. Dabei kann es sich beispielsweise um das Erschließen neuer Märkte, die Diversifizierung des Portfolios, die Nutzung neuer Technologien oder die Stärkung der Marktposition handeln.
- **Partnerschaften:** Die Partner können in strategischen Joint Ventures verschiedene Akteure aus der Immobilienbranche sein, wie Entwickler, Investoren, Bauunternehmen oder Immobilienverwaltungsunternehmen. Sie bringen unterschiedliche Ressourcen, Fachkenntnisse und Marktzugänge ein, um gemeinsame strategische Ziele zu verfolgen.
- **Langfristige Ausrichtung:** Strategische Joint Ventures kommen meistens nicht nur bei einem Projekt zusammen, sondern wollen langfristige Partnerschaften etablieren, die über einzelne Projekte hinausgehen.

Nicht-strategische Joint Ventures bei Immobilienprojekten
- **Ziele:** Nicht-strategische Joint Ventures in der Immobilienbranche werden in der Regel eingegangen, um kurz- bis mittelfristige Projektziele zu erreichen, die nicht unbedingt Teil der langfristigen Strategie der beteiligten Unternehmen sind. Dies könnte die Durchführung eines bestimmten Bauprojekts, die Erschließung eines bestimmten Standorts oder die Nutzung einer kurzfristigen Marktchance sein.
- **Partnerschaften:** Die Partner in nicht-strategischen Joint Ventures sind ähnlich aufgestellt wie bei den strategischen. Schließlich geht es darum, verschiedene Fachkenntnisse und Ressourcen zu bündeln.
- **Projektbezogenheit:** Nicht-strategische Joint Ventures sind häufig nur projektbezogen und werden häufig nach dem Abschluss des Projekts wieder aufgelöst, wenn die Ziele erreicht sind. Sie sind in der Regel flexibel und können je nach den Anforderungen des Projekts angepasst oder beendet werden.

Insgesamt liegt der Hauptunterschied zwischen strategischen und nicht-strategischen Joint Ventures bei Immobilienprojekten in der Ausrichtung der Zusammenarbeit: Während strategische Joint Ventures langfristige strategische Ziele und Partnerschaften verfolgen, konzentrieren sich nicht-strategische Joint Ventures auf kurz- bis mittelfristige Projekte oder Ziele, die nicht unbedingt Teil der langfristigen Strategie der beteiligten Unternehmen sind.

8.1.2 Equity Joint Ventures: Gründung einer rechtlich selbstständigen Gesellschaft

Die Zusammenarbeit im Rahmen eines Equity Joint Ventures funktioniert durch die Gründung eines Gemeinschaftsunternehmens. Diese Form von Joint Ventures wird in der Regel dort eingesetzt, wo die Partnerschaft langfristig angelegt ist und ein gemeinsamer Marktauftritt über das gemeinsame Unternehmen angestrebt wird. Im Gegensatz dazu bezeichnet man eine Kooperation, die ausschließlich auf schuldrechtlichen Vereinbarungen zwischen den Joint-Venture-Partnern beruht, als vertragliches Joint Venture. In solchen Fällen besteht eine weniger enge Verbindung zwischen den Partnern, die nur eine zeitlich begrenzte Zusammenarbeit ohne die Gründung eines gemeinsamen Unternehmens anstreben.

8.1.3 Wie funktionieren Joint Ventures in der Praxis

Joint Ventures zwischen Projektentwicklern funktionieren in der Praxis so, dass sich mindestens zwei oder auch mehr Entwickler zusammenschließen, um gemeinsam an einem Immobilienprojekt zu arbeiten. Sie einigen sich über ein gemeinsames Ziel und suchen sich ein Projekt, das dafür geeignet ist. Dies kann beispielsweise ein Grundstück zum Kauf, eine Immobilie zur Entwicklung oder ein bestehendes Bauprojekt sein, das weiterentwickelt werden soll.

Die Entwickler treffen sich dann, um eine Partnerschaftsvereinbarung auszuarbeiten, die die Bedingungen und Ziele des Joint Ventures festlegt. In dieser Vereinbarung werden Aspekte wie die finanzielle Beteiligung, die Aufgaben- und Verantwortungsbereiche, die Gewinn- und Verlustverteilung, die Entscheidungsprozesse und auch die Ausstiegsstrategien festgelegt.

Die Partner beschaffen das erforderliche Kapital für das Projekt, indem sie ihre eigenen Mittel einbringen, Fremdfinanzierungsmöglichkeiten nutzen oder Investoren oder Finanzinstitutionen ansprechen, um zusätzliche Mittel zu beschaffen. Anschließend arbeiten die Partner zusammen, um das Immobilienprojekt zu entwickeln und es erfolgreich umzusetzen. In ihrer Hand liegt allgemein die Planung, die Genehmigung, die Konstruktion, die Vermarktung und die Verwaltung des Projekts gemäß den festgelegten Zielen und Zeitplänen.

Nach dem erfolgreichen Abschluss des Projekts werden die Gewinne oder Verluste entsprechend der in der Partnerschaftsvereinbarung festgelegten Kriterien zwischen den Partnern aufgeteilt. Dies kann nach Kapitalbeitrag, Leistung oder anderen vereinbarten Kriterien erfolgen. Zu einem vereinbarten Zeitpunkt löst sich die Partnerschaft wieder auf. Üblicherweise setzen sich die Partner noch einmal zusammen und entscheiden über den weiteren Verlauf ihrer Zusammenarbeit, ob sie weitere Projekte gemeinsam durchführen oder getrennte Wege gehen möchten.

8.1.4 Wie können Projektentwickler von Joint Ventures profitieren?

Es gibt für Projektentwickler zahlreiche gute Gründe, sich im Rahmen von Joint Ventures zusammenzuschließen. Vor allem die an allen Fronten im Immobiliensektor beträchtlichen Kosten führen dazu, Risiken und Belastungen zu teilen und gleichzeitig Kompetenzen und Ressourcen zusammenzuführen. Dieser Wandel wird auch durch die zunehmende Komplexität der Projektentwicklungsprozesse beeinflusst. Daraus ergibt sich auch ein großes ein Potenzial für Kooperationen zwischen Nicht-Immobilienunternehmen und Projektentwicklern.

Immobilienentwickler müssen eine Vielzahl von Herausforderungen bewältigen. Dazu gehören nicht nur die nachhaltige und energieeffiziente Planung und Bauweise, sondern auch die kontinuierliche Anpassung an die neuesten Entwicklungen in Technologie, Architektur und Design. Sie müssen sich den städtebaulichen und infrastrukturellen Anforderungen stellen und logistische Hindernisse überwinden. Zudem müssen sie die Projektfinanzierung unter ungünstigen Zinsbedingungen sicherstellen. Dies stellt eine gewaltige Aufgabe dar, der sich die Entwickler gegenübersehen und die sie mit der Unterstützung von Partnerschaften stemmen können.

Effektive Nutzung von Synergieeffekten
Die beteiligten Unternehmen nutzen ihre Synergien, um von einer Win-Win-Situation zu profitieren. Im Fokus steht oft ein konkretes Immobilienprojekt, das gemeinsam schneller, qualitativ hochwertiger und kosteneffizienter umgesetzt werden soll. Der Erfolg dieser Partnerschaften beruht auf der strategischen Ausrichtung gemeinsamer Interessen.

Partnerschaftsmodelle bieten sowohl für Projektentwickler als auch für die beteiligten Unternehmen effiziente Wettbewerbsvorteile, sei es zur Kostenreduzierung oder Risikominimierung bei umfangreichen Bauprojekten. Je nach Ausgangslage variieren die Trends bei den Partnerschaftsmodellen, wobei das gemeinsame Ziel darin besteht, wettbewerbsfähige Unternehmensimmobilien bereitzustellen.

Vertragliche Vereinbarungen, die oft in Form einer Absichtserklärung vorliegen, sind grundlegend für die Stärkung der partnerschaftlichen Zusammenarbeit. Diese Vereinbarungen sollten auch Maßnahmen zur gemeinsamen Bewältigung von Krisensituationen für beide Seiten umfassen. Dadurch wird ein klar definiertes Vorgehen in Ausnahmesituationen gewährleistet und das Risiko einer Auflösung der Partnerschaft verringert. Es ist entscheidend, während des gesamten Projektentwicklungsprozesses das Vertrauen aufrechtzuerhalten.

Gemeinsam die Komplexität eines Immobilienprojektes stemmen
Die gemeinschaftliche Projektentwicklung hat sich als Antwort auf die komplexen Anforderungen in Immobilienprojekten etabliert. Für den Erfolg eines Immobilienvorhabens ist heute umfassendes Fachwissen erforderlich. Immer mehr Projektentwicklung entscheiden sich daher dazu, bestimmte Spezialaufgaben externen Partnern zu überlassen.

Generell stehen Immobilienentwickler vor der Herausforderung eines sich rapide verändernden Marktumfelds. Die zunehmende Urbanisierung, demografische Veränderungen und sich wandelnde Arbeitsmodelle beeinflussen die Nachfrage nach Immobilien. Der Trend zur Urbanisierung zieht eine steigende Anzahl von Menschen in die Städte, was eine erhöhte Nachfrage nach Wohnraum und Infrastruktur zur Folge hat. Gleichzeitig erfordert die Flexibilisierung der Arbeitsmodelle Anpassungen im Büroimmobilienmarkt.

Die anhaltende Energiekrise mit steigenden Energiekosten, Versorgungsengpässen und dem Druck, den CO_2-Ausstoß zu reduzieren, beeinflusst die Planung und Umsetzung von Immobilienprojekten. Immobilienentwickler sind zunehmend gefordert, nachhaltige und energieeffiziente Lösungen zu implementieren, um den Energiebedarf der Gebäude zu minimieren.

Des Weiteren haben Lieferengpässe einen erheblichen Einfluss auf die Immobilienbranche. Die Auswirkungen der globalen Pandemie, geopolitische Unsicherheiten und logistische Herausforderungen haben zu Materialknappheit und verzögerten Lieferungen geführt. Dies erschwert die zeitgerechte Fertigstellung von Bauprojekten und kann zu Kostensteigerungen führen. Immobilienentwickler müssen daher flexibel reagieren und alternative Beschaffungsstrategien in Betracht ziehen, um den Herausforderungen der Lieferengpässe zu begegnen. Genau an diesem Punkt können Joint Ventures helfen, indem sich beispielsweise Immobilienentwickler mit Partnern aus der Baubranche vernetzen.

Einfachere Kapitalbeschaffung durch Joint Ventures
Die Beschaffung von Kapital für Immobilienprojekte ist heutzutage eine komplexe Angelegenheit, insbesondere aufgrund der stark gestiegenen Bauzinsen, verschärfter Regulierungen und wirtschaftlicher Unsicherheiten. Infolge dieser Herausforderungen müssen Entwickler kreative Wege finden, um die benötigten Mittel zu beschaffen. Dazu gehören eben auch alternative Finanzierungsoptionen wie Joint Ventures. Darüber hinaus kann die Diversifizierung der Kapitalquellen dazu beitragen, das Risiko zu streuen und die finanzielle Belastung für alle zu verringern.

8.1.5 Auch die Risiken von Joint Ventures sollten betrachtet werden

Risikostreuung, Bündelung der Ressourcen und einfachere Beschaffung des Kapitals: Den vielen Vorteilen dieser Beteiligung stehen auch gewisse Risiken gegenüber. Diese können vielseitig sein und hängen von vielen Faktoren, allen voran der Größe und der Art des Projektes ab. Dennoch haben sich in der Vergangenheit potenzielle Risiken und Nachteile herauskristallisiert, mit denen sich Projektentwickler im Immobiliensektor konfrontiert sehen.

Potenzielle Risiken von Joint Ventures im Immobiliengeschäft
Unterschiedliche Interessen und Ziele der Partner: Die beteiligten Parteien können manchmal unterschiedliche Vorstellungen über das Projekt und die Strategie entwickeln, was wiederum zu Konflikten führen kann.

- **Finanzielle Risiken:** Joint Ventures sind oft mit beträchtlichen Investitionen verbunden. Je mehr Partner es bei dieser Beteiligung gibt, desto größer ist die Gefahr, dass es unterschiedliche finanzielle Ressourcen und Risikobereitschaften gibt. Uneinigkeit über die

Finanzierung kann zu Spannungen führen und das gesamte Projekt gefährden.
- **Managementprobleme:** Die Koordination und das Management eines Joint Ventures ist meistens sehr komplex, insbesondere dann, wenn die Partner unterschiedliche Vorstellungen über die Projektsteuerung und -umsetzung haben.
- **Rechtliche Risiken:** Joint Ventures erfordern komplexe rechtliche Vereinbarungen, und Vertragsstreitigkeiten können auftreten. Umso wichtiger ist es, klare Vereinbarungen zu treffen und Verträge sorgfältig auszuarbeiten.
- **Markt- und Wirtschaftsrisiken:** Immobilienmärkte sind volatil und unterliegen verschiedenen Risiken wie Konjunkturzyklen, Zinsänderungen und politischen Entwicklungen. Diese Faktoren können sich negativ auf die Rentabilität des Joint Ventures auswirken.
- **Lernprozesse der Beteiligten:** Oftmals stammen die Beteiligten aus ganz unterschiedlichen Märkten und müssen voneinander lernen, um ein besseres Verständnis voneinander zu bekommen. Das kann aufwändig sein und sehr viel Zeit in Anspruch nehmen.

Um diese Risiken zu minimieren, ist es wichtig, dass die Partner klare Vereinbarungen treffen, eine effektive Kommunikation aufrechterhalten und ein umfassendes Risikomanagement implementieren. Darüber hinaus sollten die Partner sorgfältig prüfen, ob die Zusammenarbeit langfristig erfolgversprechend ist und ob sie über die erforderlichen Ressourcen und Fähigkeiten verfügen, um das Projekt erfolgreich umzusetzen.

8.1.6 Syndikate

In den vergangenen Jahren hat die Bedeutung von Syndikaten in der Immobilienbranche erheblich zugenommen. Weltweit spielen sie eine immer größere Rolle bei der Finanzierung, Entwicklung und dem Besitz von Immobilienvermögen. Dieser Trend ist auf verschiedene Faktoren zurückzuführen, darunter die Auswirkungen der globalen Finanzkrise von 2008, die zu einem Rückgang der herkömmlichen Bankkredite für

Immobilienprojekte führte. Als Reaktion darauf sind Syndikate eingesprungen, um die benötigte Finanzierung für zahlreiche Immobilienprojekte bereitzustellen.

Syndikate werden üblicherweise von einer Gruppe von Investoren gebildet, die ihre Ressourcen bündeln, um in ein spezifisches Immobilienprojekt zu investieren. Mithilfe von Syndikaten kann sowohl der Kauf bereits bestehender Immobilien als auch die Entwicklung neuer Immobilienprojekte finanziert werden. Diese Zusammenarbeit ermöglicht es den beteiligten Investoren, von den Vorteilen größerer Projekte zu profitieren und das Risiko auf mehrere Parteien zu verteilen.

8.1.7 Mietshäuser Syndikat: Wenn Mieter ihre Häuser vor Investoren retten

Die Frage, wie man ein Haus kaufen kann, ohne selbst über ein beträchtliches Eigenkapital zu verfügen, beschäftigte Menschen bereits seit den 1980er-Jahren. Aus der Hausbesetzungsszene heraus entstand eine Idee für ein Konzept, das selbstorganisiertes Wohnen und solidarisches Wirtschaften ermögliche – und das Wichtigste: offen für alle ist.

Das Mietshäuser-Syndikat bietet Gruppen, die gemeinsam ein Haus kaufen möchten, die Möglichkeit, sich mit anderen Projekten auszutauschen. Es gibt klare Richtlinien, die eine Gruppe erfüllen muss. So dürfen beispielsweise nur Häuser erworben werden, die leer stehen, da keine Kündigung von Mietern durch Eigenbedarfskündigungen erlaubt ist. Zudem muss die Gruppe einen durchdachten Finanzplan vorlegen, der auf einem Gutachten des Hauses basiert und alle notwendigen Umbau- und Renovierungsmaßnahmen berücksichtigt.

Wenn ein Haus durch das Mietshäusersyndikat erworben wird, entzieht es sich langfristig der Spekulation des Immobilienmarktes und bleibt im Besitz der Menschen, die darin wohnen. Es wird nicht einem bestimmten Einzelnen gehören, sondern wird gemeinschaftliches Eigentum der Hausgemeinschaft und des Mietshäusersyndikats. Dadurch wandelt sich das Haus von einem Privatbesitz, bei dem eine Person durch die Miete Einnahmen erzielt, zu Gemeinschaftseigentum.

So wird die Immobilie durch das Mietshaus-Syndikat erworben
Wenn eine Gruppe zusammen eine Immobilie erwerben möchte, dann muss sie einen Hausverein gründen. Im Hausverein sind alle Personen Mitglied, die in dem Haus leben. Der Hausverein gilt als juristische Person und gründet dann gemeinsam mit der GmbH des Mietshäuser-Syndikats eine Haus-GmbH. In den Verträgen dieser GmbH legen die beiden Gesellschafter (der Hausverein und die GmbH des Mietshäuser-Syndikats) gemeinsame Regelungen fest. Die Geschäftsführung liegt beim Hausverein. Ebenso ist die Selbstverwaltung des Hauses vertraglich geregelt, wobei der Hausverein ein Vetorecht bei einem Hausverkauf oder einer Satzungsänderung hat. Ebenso hat die GmbH des Mietshäusersyndikats ein Vetorecht bei einem Hausverkauf oder einer Satzungsänderung. Diese Vetorechte sind wichtig, um eine eventuelle Reprivatisierung zu verhindern.

Die Finanzierung von Mietshaus-Syndikaten
Nach Gründung einer neuen Hausbesitz-GmbH durch den Hausverein und das Syndikat wird das Stammkapital für den Kauf des Hauses verwendet. Allerdings benötigen die meisten Projekte gerade im städtischen Raum Kapital in 6-stelliger Höhe. Eine klassische Bankenfinanzierung kommt hier oft nicht infrage – allein schon aufgrund des meistens nur sehr geringen Eigenkapitals.

Als Ausweg aus diesem Dilemma bietet sich eine Abkürzung an: der Direktkredit. Personen, die das Projekt kennen und es unterstützen wollen, können ihre Ersparnisse direkt bei der Hausbesitz-GmbH anlegen – ganz ohne Umweg über die Bank, die ihre eigenen Kosten und Gewinnspannen berücksichtigen muss. Dies macht zwar einen Bankkredit in der Regel nicht überflüssig; jedoch schließt eine ausreichende Anzahl von zinsgünstigen Direktkrediten die Finanzierungslücke und hält die Mieten auf einem erträglichen Niveau. Das Interesse dieser Einzelpersonen besteht meistens vorrangig darin, das Mietshaus-Syndikat zu unterstützen und damit einen sinnvollen gesellschaftlichen Beitrag zu leisten. Gleichzeitig ist es aber auch eine ökologische und nachhaltige Form der Geldanlage.

Bei den Direktkrediten handelt es sich um Nachrangdarlehen mit einer qualifizierten Rangrücktrittsklausel. Diese besagt zum einen, dass keine Rückzahlung an die Direktkreditgeber erfolgen muss, falls dies die Zahlungsfähigkeit der Kreditnehmer (Haus-GmbH oder Mietshäuser Syndikat GmbH) gefährdet. Zum anderen werden im Falle einer Insolvenz zuerst der Bankkredit und die Forderungen aller anderen nicht nachrangigen Gläubiger bedient und erst dann die Direktkreditgeber.

Es wird ein Kreditvertrag zwischen den Kreditgebern und dem Hausprojekt abgeschlossen, in dem Kreditbetrag, Zinsen, Kündigungsfrist, Laufzeit und eine qualifizierte Rangrücktrittsklausel klar festgelegt sind.

8.2 Investorenfinanzierung

Investorenfinanzierungen sind dann gefragt, wenn es um den Erwerb oder die Errichtung von Immobilien geht, die als Renditeobjekte dienen sollen und die nicht für den persönlichen Gebrauch vorgesehen sind. Typischerweise handelt es sich dabei um Mehrfamilien-, Wohn- oder Gewerbeimmobilien, die anschließend vermietet werden sollen. Im Gegensatz zur klassischen Baufinanzierung, die oft für selbst genutzte Immobilien verwendet wird, liegt der Fokus bei Investorenfinanzierungen mehr auf der Rentabilität durch Mieteinnahmen als auf dem persönlichen Gefallen an der Immobilie.

Das Konzept der Investorenfinanzierung beruht darauf, einen Überschuss durch die Differenz zwischen Mieteinnahmen und Finanzierungskosten zu erzielen, der dann die Rendite bestimmt. Darüber hinaus machen die Aussichten auf langfristige Wertsteigerung solche Immobilien für Investoren attraktiv. Neben potenziellen Wertsteigerungen kann die Investorenfinanzierung auch aufgrund der steuerlichen Vorteile für Kapitalanleger interessant sein. Abschreibungen und die Absetzbarkeit von Kosten können oft zu erheblichen Steuervorteilen für die Investoren führen.

8.2.1 Investorenfinanzierung in der Praxis

Bevor eine Investorenfinanzierung zustande kommt, müssen zahlreiche Überlegungen und Berechnungen angestrengt werden. Dazu gehört wie bei allen Finanzierungen zum Beispiel die Ermittlung des Beleihungswertes. Hier müssen die Investoren zwischen dem Sachwert- und dem Ertragswertverfahren entscheiden. Diese Entscheidung hängt maßgeblich von der Größe und der Nutzung der geplanten Immobilie ab.

Der Ablauf der Investorenfinanzierung erfordert eine gründliche Analyse des Renditeobjekts, da dessen Erfolg maßgeblich von Faktoren wie dem Kaufpreis im Verhältnis zur Lage und Bausubstanz sowie den erwarteten Mieteinnahmen abhängt.

Das Sachwertverfahren wird in der Praxis für kleinere Wohnimmobilien mit bis zu 3 Wohneinheiten oder einem Gewerbeanteil von bis zu 30 % angewendet. Es berücksichtigt die Kosten für Grundstück und Herstellung.

Das Ertragswertverfahren wird bei Mehrfamilienhäusern mit mehr als 3 Wohneinheiten genutzt, bei Immobilien mit einem Gewerbeanteil von mehr als 30 % oder reinen Geschäftshäusern. Fier werden die erzielbaren Mieteinnahmen für die Berechnung herangezogen.

Die Höhe und Bedingungen der Investorenfinanzierung variieren je nach Einstufung des Immobilienprojekts. Bei Geschäftshäusern kann beispielsweise eine Gewerbefinanzierung in Betracht gezogen werden.

8.2.2 Vor- und Nachteile einer Investorenfinanzierung

Investorenfinanzierungen ermöglichen es den Investoren, auch größere Immobilien und Renditeobjekte zu erwerben oder zu entwickeln, ohne dass sie ihr eigenes Kapital in vollem Umfang einsetzen müssen. Dadurch wird es dem Einzelnen möglich, sein Portfolio zu diversifizieren und in verschiedene Immobilienprojekte zu investieren, ohne dass sie das gesamte Risiko alleine tragen müssen. Dadurch erhöhen sich insgesamt auch die Renditeaussichten. Zudem können die Investoren von steuerlichen Vorteilen wie Abschreibungen und der Absetzbarkeit von Kosten profitieren, die allgemein mit der Investition in Immobilien und der Nutzung von Fremdkapital verbunden sind.

Allerdings findet natürlich auch eine Renditeaufteilung statt. Bei Investorenfinanzierungen müssen die Investoren einen Teil ihrer potenziellen

Rendite mit den Finanzierungspartnern teilen. Außerdem müssen sie gemeinsame Entscheidungen treffen und sich über wichtige Punkte der Finanzierung einigen.

Nehmen Investoren Fremdkapital für die Finanzierung auf, dann erhöht sich damit auch ihr Risiko, wenn die Mieteinnahmen nicht wie erwartet fließen oder sich die Immobilienmärkte negativ entwickeln.

8.3 Immobilienfinanzierung durch Private-Equity-Firmen

Private Equity ist eine noch relativ junge Form von Investitionsstrategien, bei denen Investoren Anteile an Unternehmen erwerben, die nicht an der Börse notiert sind, also „private" Unternehmen. Diese Investitionen werden hauptsächlich von Private-Equity-Gesellschaften getätigt, die sich auf unterschiedliche Branchen und Strategien spezialisieren können.

8.3.1 Wie funktioniert eine Private-Equity-Finanzierung?

Da Private-Equity-Investitionen ausschließlich von privaten Investoren getätigt werden und diese in der Regel auf Wachstumschancen setzen, sind die Entscheidungsfindungsprozesse oft schneller und flexibler als bei börsennotierten Unternehmen. Diese Investoren handeln meist beteiligungsorientiert, um die Erträge zu maximieren.

Private-Equity-Firmen erwerben eine Beteiligung an einem Unternehmen, arbeiten eng mit dem Management zusammen, um das Geschäft zu verbessern, und veräußern dann ihre Beteiligung, oft mit erheblichem Gewinn. Der Fokus bei Private-Equity-Investitionen liegt auf der mittel- bis langfristigen Wertsteigerung der Beteiligung an Unternehmen. Dies wird durch operative Eingriffe, strategische Weichenstellungen oder Restrukturierungsmaßnahmen erreicht und weniger durch Finanzspekulation.

8.3.2 Wann kommt diese Form der Gemeinschaftsfinanzierung in der Praxis zum Tragen?

Private Equity hat vielfältige Anwendungsbereiche – meistens werden diese Finanzierungsinstrumente aber nicht für junge Bau- und Immobilienvorhaben verwendet, sondern für bestehende Immobilien und auch Unternehmenskäufe. Darüber hinaus dienen sie auch der Bereitstellung von Wachstumskapital für expandierende Unternehmen und der Sanierung von Unternehmen in wirtschaftlichen Schwierigkeiten (Turnaround).

Ein bekanntes Beispiel für den Einsatz von Private Equity ist der Kauf von Toys ‚R' Us durch die Private-Equity-Gesellschaften KKR, Bain Capital und Vornado Realty Trust im Jahr 2005. Diese Investoren erwarben das Unternehmen mit dem Ziel, es zu restrukturieren und wiederzubeleben. Nach zahlreichen Herausforderungen und einer langen Investitionsperiode entschieden sie sich später zum Verkauf des Unternehmens.

In der jüngsten Vergangenheit hat sich Private Equity auch in Deutschland zunehmend als Finanzierungsoption für traditionelle Branchen etabliert. Besonders die Finanzierung von Immobilienprojekten und -portfolios hat in letzter Zeit an Bedeutung gewonnen. Dies führte zur Entwicklung der Private-Equity-Immobilienfinanzierung, auch bekannt als „Real Estate Private Equity" (REPE).

8.3.3 Die Funktion der Private Equity Fonds

Im Kern der Private-Equity-Branche sind Private-Equity-Fonds das zentrale Element. Diese aggregierten Anlagepools investieren in Private-Equity-Transaktionen und sind daher von grundlegender Bedeutung für das Verständnis von Private Equity. Ein Private-Equity-Fonds ist ein Investmentfonds, der sich auf den Erwerb und das Management von Private-Equity-Unternehmen oder eben entsprechender Immobilienvorhaben spezialisiert hat. Er kann von institutionellen oder privaten Anlegern finanziert werden und wird in der Regel von Private-Equity-Unternehmen betreut. Die Struktur von Private-Equity-Fonds ist darauf ausgerichtet, langfristige Investitionssicherheit zu bieten, wobei das Hauptziel der Anleger die Erzielung einer attraktiven Rendite ist. Die Fondsstruktur trägt dazu bei, dieses Ziel zu erreichen.

Typischerweise folgen Private-Equity-Fonds einer standardisierten Struktur als Limited Partnerships, bestehend aus den Limited Partners (LPs) und dem General Partner (GP). Der GP fungiert als Fondsmanager, der die täglichen Operationen leitet und Entscheidungen trifft, während die LPs als Investoren Kapital einbringen und im Gegenzug einen Teil der Fondsrendite erhalten.

8.3.4 Typische Private Equity Investoren

Bei den Investoren in REPE-Fonds gibt es zwei Hauptgruppen zu unterscheiden: Privatanleger und institutionelle Investoren. Unter den Privatanlegern finden sich in der Regel wohlhabende Personen, während REPE-Fonds teilweise auch für durchschnittlich wohlhabende Anleger zugänglich gemacht werden. Die Gruppe der institutionellen Investoren umfasst Pensionskassen, Bildungseinrichtungen, Stiftungen und Versicherungen. Das Fundraising der Fonds ist oft international ausgerichtet.

8.4 Institutionelle Investoren für Immobilienvorhaben

Institutionelle Investoren sind Organisationen oder Einrichtungen, die große Geldbeträge in verschiedene Anlageklassen investieren, um finanzielle Renditen zu erzielen. Diese Investoren handeln nicht als Einzelpersonen, sondern vertreten eine Organisation oder Institution. Typische institutionelle Investoren sind Pensionsfonds, Versicherungsgesellschaften, Investmentfonds, Stiftungen und Wohltätigkeitsorganisationen oder auch Private-Equity-Gesellschaften.

8.4.1 Warum sind Immobilien für institutionelle Investoren so interessant

Eine aktuelle wissenschaftliche Untersuchung des CFin – Research Center for Financial Services,[1] die für die Solutio AG durchgeführt wurde

---

[1] https://www.solutio.ag/wp-content/uploads/2018/12/231031_PM_Solutio_Real-Estate-Studie_final.pdf.

zeigt, dass große Vermögensverwalter wie Banken, Versicherungen und Pensionskassen weiterhin stark auf Immobilien als Anlageklasse setzen. Befragt wurden dafür insgesamt 121 institutionelle Investoren in Deutschland, darunter 46 % Banken und Sparkassen, 22 % Versicherungen und 11 % Pensionskassen.

Das Ergebnis: Insgesamt 92 % der befragten Investoren haben Real Estate in ihren Portfolios und ein Drittel (32 %) plant darüber hinaus eine verstärkte Investition in diese Anlageklasse in den kommenden Jahren.

Hinsichtlich der Renditeerwartungen erwarten institutionelle Investoren im Durchschnitt eine Rendite von 5 % bei Immobilien, 7 % bei Infrastruktur, 8 % bei Private Debt und 10 % bei Private Equity. Es zeigt sich, dass die Attraktivität einer alternativen Anlageklasse nicht ausschließlich von der Rendite abhängt.

Investments in Wohnanlagen werden dabei als besonders attraktiv bewertet. Auf Platz zwei liegen Spezialimmobilien wie Bildungs-, Gesundheits- oder Freizeiteinrichtungen sowie Hotels oder Flughäfen. Dahinter stehen Industrieanlagen, die immerhin noch von 36 % der Befragten als attraktiv eingestuft werden.

8.4.2 Das Portfolio für institutionelle Investoren ist groß

Es gibt eine Vielzahl von Investitionsmöglichkeiten für institutionelle Anleger.

- **Vermietung von Immobilien als langfristige Kapitalanlage:** Immobilien können von institutionellen Anlegern als langfristige Kapitalanlage vermietet werden – eine solide Möglichkeit der Investition. Im Gegensatz zu Aktienanlagen ist das Vermögen hier normalerweise auf weniger Objekte konzentriert und weniger diversifiziert, was das Risiko einer geringeren Risikostreuung mit sich bringt. Zusätzlich fallen Kosten für Instandhaltung und Verwaltung an.
- **Kauf von Immobilienaktien:** Immobilienaktien repräsentieren Anteile von Aktiengesellschaften, die in der Immobilienbranche tätig

sind. Durch den Erwerb von Immobilienaktien können Anleger eine breitere Diversifizierung erreichen. Wie andere Aktien gelten sie als langfristige Investition mit potenziell attraktiver Rendite.
- **Abschluss von Immobilienanleihen:** Eine Immobilienanleihe ist ein festverzinsliches Wertpapier, das oft durch Grundpfandrechte besichert ist. Sie birgt jedoch ein gewisses Risiko, da sie in der Regel nachrangig besichert ist.
- **Investition in Immobilienfonds:** Immobilienfonds gibt es in offener und geschlossener Form. Offene Immobilienfonds haben normalerweise ein unbegrenztes Investitionsvolumen, wobei Anleger jederzeit Anteile kaufen und verkaufen können. Geschlossene Fonds hingegen haben in der Regel eine begrenzte Laufzeit und ein festes Investitionsvolumen, das durch den Verkauf aller Anteile erreicht wird.
- **Immobilien Crowdinvesting:** Beim Immobilien-Crowdinvesting schließen sich viele Investoren zusammen, um in größere Immobilienprojekte zu investieren. Darüber hinaus können Investoren auch in Unternehmen investieren, die in der Immobilienbranche tätig sind.

8.4.3 Verschiedene Investment-Möglichkeiten für institutionelle Investoren

Institutionelle Investoren können entweder direkt in Immobilien investieren oder indirekt über Fonds und andere Finanzierungsinstrumente. Nur ein kleinerer Anteil der in der Solutio-Studie befragten Investoren haben sich für direkte Anlagen entschieden. Ein wesentlich größerer Teil setzt auf indirekte Anlagen für ihr Investment. Sie investieren nicht in physische Immobilien, sondern in Beteiligungen. Der Vorteil indirekter Beteiligungen besteht beispielsweise in einem geringeren Kapitaleinsatz, in einer verbesserten Diversifikation des Portfolios. Darüber hinaus wurden als Argumente von den Befragten auch eine gesteigerte Transparenz, eine höhere Liquidität und verbesserte Renditeaussichten genannt.

Ihr Transfer in die Praxis

- Joint Ventures dienen vor allem der Finanzierung im Rahmen der Projektentwicklung
- Syndikate dienen nicht allein der Finanzierung, sondern auch der Kompetenzerweiterung durch branchenfremde Investoren
- Investorenfinanzierungen sind vor allem für Renditeobjekte relevant
- Die Private-Equity-Finanzierung wird über Fonds realisiert und dient vor allem der Rettung bestehender Immobilien
- Institutionelle Investoren haben ein gesteigertes Interesse an indirekten Real Estate Investitionen

9

Kreative Finanzierungslösungen für die Immobilienfinanzierung

> **Was Sie aus diesem Kapitel mitnehmen**
> - Warum alternative Finanzierungslösungen heute so wichtig sind
> - Welche kreativen Finanzierungsformen es gibt
> - Welche Vor- und auch Nachteile mit diesen Formen der Immobilienfinanzierung verbunden sein können

Wer heute in Immobilien investieren möchte, sollte auch alternative und kreative Finanzierungslösungen im Blick haben. Der Immobilienmarkt verändert sich rasant – daraus ergeben sich Herausforderungen und auch Chancen. Kreative Finanzierungslösungen bieten alternative Wege, um Kapital zu beschaffen.

9.1 Mietkauf von Immobilien

Der „Mietkauf" ist eine Form der Immobilienfinanzierung, bei der eine Person oder eine Gruppe von Personen ein Objekt mietet und gleichzeitig die Absicht hat, es zu einem späteren Zeitpunkt zu kaufen. Es ist im Wesentlichen eine Kombination aus Miete und Kauf.

9.1.1 Wie funktioniert der Mietkauf?

Der Mietkauf von Immobilien ist ein Finanzierungsmodell, das es dem Mieter ermöglicht, das Mietobjekt nach einer bestimmten Zeit zu erwerben. Dabei läuft der Prozess in der Regel in mehreren Schritten ab:

1. Abschluss des Mietvertrages: Zunächst wird ein Mietvertrag zwischen dem Verkäufer (Vermieter) und dem Käufer (Mieter) abgeschlossen. Dieser Mietvertrag enthält dann eine Klausel, die dem Mieter das Recht einräumt, die Immobilie zu einem späteren Zeitpunkt zu einem vorher vereinbarten Preis zu kaufen.
2. Abschluss des Kaufvertrags Parallel zum Mietvertrag wird auch ein Kaufvertrag abgeschlossen, in dem der Kaufpreis für die Immobilie festgelegt wird. Dieser Kaufpreis wird in der Regel bereits zum Zeitpunkt des Abschlusses des Mietvertrags vereinbart.
3. Nutzung & Mietzahlungen Während der Mietdauer zahlt der Mieter die vereinbarten Mietzahlungen an den Vermieter. Ein Teil dieser Mietzahlungen kann auch als Anzahlung auf den späteren Kaufpreis angerechnet werden. Die monatlichen Zahlungen bestehen meistens aus dem reinen Mietzins sowie einem Betrag, der als Ratenzahlung für den Kaufpreis dient.
4. Zahlung des Restkaufpreises Nach dem Ablauf der vereinbarten Mietdauer hat der Mieter dann die Möglichkeit, die Immobilie zu erwerben. Dazu zahlt er den noch ausstehenden Restkaufpreis an den Verkäufer. Nach erfolgter Zahlung erfolgt die juristische Eigentumsübertragung im Grundbuch.

Der Mietkauf ermöglicht den Immobilienkauf vor allem denjenigen, für die eine traditionelle Finanzierung über eine Bank nicht infrage kommen.

9.1.2 Die zwei verschiedenen Modelle für den Mietkauf in Deutschland

Es gibt zwei verschiedene Modelle des Mietkaufs in Deutschland. Der **klassische Mietkauf** ist an Kaufverpflichtungen gebunden. Der Mieter verpflichtet sich dazu, die Immobilie zu einem vorab festgelegten Preis zu erwerben. Meistens wird ein konkreter Zeitpunkt festgelegt, ab wann das Eigentum auf den Mieter übergeht. Das kann ein Tag X in der Zukunft sein oder auch ein bestimmtes Ereignis wie beispielsweise der Tod des Vermieters. Oftmals wird als Sicherheit eine Anzahlung als prozentualer Anteil auf den Kaufpreis verlangt, der entweder vollständig oder als Ratenzahlung zu Beginn des Mietverhältnisses geleistet werden muss.

Beim **Mietkauf mit Kaufoption** bekommt der Mieter bzw. Käufer lediglich eine Kaufoption, die er nutzen kann, aber nicht nutzen muss. Der Mieter hat dabei das im Grundbuch eingetragene Recht, innerhalb eines bestimmten Zeitraums die Immobilie käuflich zu erwerben, ohne jedoch eine verbindliche Kaufverpflichtung einzugehen. Dieses Modell ist im Wesentlichen vergleichbar mit einem Vorkaufsrecht und wird oft von Wohnungsbaugenossenschaften favorisiert.

9.1.3 Vor- und Nachteile eines Mietkaufs

Der Mietkauf ist eine große Chance für alle, die ihren Traum vom Eigenheim verwirklichen möchten, jedoch Schwierigkeiten haben, eine herkömmliche Bankfinanzierung zu bekommen. Gründe dafür können ein Mangel an Eigenkapital oder ein unsicheres Einkommen sein, das beispielsweise häufig bei Selbstständigen problematisch ist. Durch eine Vereinbarung mit dem Vermieter wird der Umweg über eine Bank vermieden.

Die Vorteile des Mietkaufs für Käufer sind vielfältig
- **Keine Bankfinanzierung erforderlich:** Beim Mietkauf umgeht der Käufer den traditionellen Weg über eine Bank, was insbesondere für Personen von Vorteil ist, die keine Bankfinanzierung erhalten können oder wollen.
- **Möglichkeit bei schlechter Bonität:** Selbst bei einer weniger positiven Bonität oder negativen Schufa-Auskunft ist der Mietkauf prinzipiell eine Möglichkeit, um trotzdem Immobilien zu kaufen.
- **Wohnen auf Probe:** Ein bedeutender Vorteil des Mietkaufs ist die Möglichkeit für den Käufer, das Wohnumfeld vor einer endgültigen Kaufentscheidung besser kennenzulernen. So kann er feststellen, ob die Immobilie seinen Erwartungen entspricht und ob er sich langfristig dort wohl fühlen würde.

- **Mietzahlungen werden angerechnet:** Anders als bei herkömmlichen Mietverhältnissen werden die monatlichen Mietzahlungen beim Mietkauf (zumindest teilweise) auf den Kaufpreis angerechnet, was bedeutet, dass diese Zahlungen nicht verloren sind, sondern einen Beitrag zum Erwerb der Immobilie leisten.
- **Eigenheim mit geringem Eigenkapital:** Der Mietkauf ermöglicht es auch Personen mit begrenztem Eigenkapital, den Traum vom Eigenheim zu verwirklichen, da die Einstiegshürden im Vergleich zu herkömmlichen Finanzierungsmethoden niedriger sind.
- **Konstante monatliche Raten:** Die monatlichen Raten beim Mietkauf bleiben über den gesamten Zeitraum konstant, unabhängig von Zinsschwankungen an den Kapitalmärkten. Das bietet dem Käufer eine gewissen Planungssicherheit.

Mögliche Nachteile des Mietkaufs
- **Höhere monatliche Belastungen:** Da beim Mietkauf neben dem üblichen Mietzins auch eine Ansparrate gezahlt werden muss, sind die monatlichen Belastungen in der Regel höher als bei einer reinen Miete.
- **Überschätzung der finanziellen Leistungsfähigkeit:** Ohne die formale Bankprüfung besteht das Risiko, dass die finanzielle Leistungsfähigkeit des Käufers von beiden Seiten überschätzt wird.
- **Gesamtbelastung höher als bei Finanzierung:** Im Vergleich zu herkömmlichen Finanzierungsmethoden führt die gleichbleibende monatliche Belastung beim Mietkauf dazu, dass die Gesamtbelastung oft höher ist. Im Vergleich dazu steigt bei einer Finanzierung der Tilgungsanteil der monatlichen Rate jeden Monat.
- **Schlechtere finanzielle Konditionen:** Die finanziellen Konditionen beim Mietkauf sind in der Regel weniger vorteilhaft als bei einer Bankfinanzierung, was zu höheren Gesamtkosten führen kann.
- **Hohe monatliche Belastung erfordert Solvenz:** Eine hohe monatliche Belastung erfordert eine solide finanzielle Basis des Käufers, auch ohne formale Bankprüfung, um finanzielle Schwierigkeiten zu vermeiden.
- **Keine staatlichen Fördermittel:** Beim Mietkauf können staatliche Fördermittel, die bei herkömmlichen Finanzierungsmethoden genutzt werden können, nicht in Anspruch genommen werden.

9 Kreative Finanzierungslösungen für die Immobilienfinanzierung

- **Kein Mitspracherecht bei baulichen Maßnahmen:** Der Mieter hat kein Mitspracherecht bei baulichen Maßnahmen, was zu Unannehmlichkeiten führen kann, wenn Anpassungen an der Immobilie erforderlich sind.
- **Risiko bei Insolvenz des Verkäufers:** Im Falle einer Insolvenz des Verkäufers könnten die geleisteten Mietzahlungen des Mieters/Käufers und auch der spätere Kauf der Immobilie potenziell gefährdet sein.
- **Kein eigener rechtlicher Rahmen:** Da es keinen spezifischen rechtlichen Rahmen für den Mietkauf gibt, müssen die Verträge sorgfältig geprüft werden, um sicherzustellen, dass alle Bedingungen klar und fair sind.

9.1.4 Was ist der Unterschied zwischen einem Mietkauf und der Finanzierung?

Bei einer herkömmlichen Finanzierung erhält der Verkäufer den vollen Verkaufspreis sofort, während der Käufer anschließend die Kredit- und Tilgungsraten an den Finanzierer, in der Regel eine Bank, zurückzahlt. Im Gegensatz dazu erhält der Verkäufer beim Mietkauf den Kaufpreis in Raten vom Käufer. Diese Ratenzahlungen, die oft als Miete bezeichnet werden, werden auf einen zuvor festgelegten Kaufpreis angerechnet. Der Käufer tilgt das Eigentum schrittweise durch Zahlungen an den Verkäufer. Der Mietkauf wird oft von Käufern genutzt, die keine traditionelle Finanzierung über eine Bank erhalten können.

9.2 Immobilienleasing als kreative Finanzierungslösung

Immobilienleasing ist eine Finanzierungsmethode, bei der ein Unternehmen oder eine Person eine Immobilie für einen bestimmten Zeitraum von einem Leasinggeber mietet, wobei die Leasingzahlungen eine Rendite für den Eigentümer des Grundstücks oder der Immobilie darstellen. Im Gegensatz zum Kauf einer Immobilie, bei dem der Käufer sofort Eigentümer wird, behält der Leasinggeber beim Immobilienleasing das Eigentum an der Immobilie während der Laufzeit des Leasingvertrags.

9.2.1 Wie funktioniert das Immobilienleasing in der Praxis?

Insbesondere im gewerblichen Sektor ist das Immobilienleasing mittlerweile zur gängigen Praxis geworden. Viele Unternehmen nutzen diese Finanzierungsmethode, um Eigentum schrittweise zu erwerben, ohne sich sofort auf eine herkömmliche Baufinanzierung festlegen zu müssen. Statt eine Immobilie zu kaufen oder zu bauen, beauftragen sie einen Leasinggeber, dies für sie zu tun.

Beim Immobilienleasing erwirbt der Leasingnehmer das Nutzungsrecht an einer Immobilie oder einem Grundstück gegen regelmäßige Zahlungen an den Leasinggeber oder die Leasinggesellschaft. Diese Zahlungen setzen sich aus Zinsen, Tilgung und Verwaltungskosten zusammen. Der Leasingvertrag legt die Bedingungen der Nutzung, die Höhe der Leasingrate und die Laufzeit des Leasingvertrags fest. Üblicherweise erstrecken sich die Laufzeiten von Immobilien- und Grundstücksleasingverträgen zwischen zehn und 25 Jahren. Nach Ablauf des Leasingvertrags kann der Leasingnehmer entweder das Eigentum an der Immobilie erwerben oder das Objekt zurückgeben, je nachdem, welche vertraglichen Vereinbarungen getroffen wurden.

9.2.2 Immobilie mieten vs. leasen: Das sind die Unterschiede

Leasingverträge weisen gewisse Ähnlichkeiten mit Mietverträgen auf, allerdings gibt es auch hier wesentliche Unterschiede zu einem traditionellen Mietverhältnis. Zum Beispiel übernimmt der Leasingnehmer im Allgemeinen mehr Verpflichtungen bezüglich des Leasingobjekts als ein herkömmlicher Mieter. Dazu gehören die Übernahme von Instandhaltungs- und Reparaturkosten sowie den Abschluss einer angemessenen Versicherungsdeckung. Am Ende der Vertragslaufzeit hat der Leasingnehmer außerdem oft die Möglichkeit, die Immobilie zu erwerben, eine Option, die Mietern normalerweise nicht zur Verfügung steht.

Ein weiterer Unterschied zwischen Miete und Leasing betrifft das Kündigungsrecht. Während Mieter in den meisten Fällen das Recht haben, ihren Mietvertrag jederzeit zu kündigen, ist dies bei Leasingnehmern nicht üblich. Leasingverträge für Immobilien haben normalerweise lange Lauf-

9 Kreative Finanzierungslösungen für die Immobilienfinanzierung

zeiten, auch bekannt als Grundmietzeit. Diese beträgt in der Regel mindestens 20 Jahre für Wohnimmobilien und mindestens 15 Jahre für Gewerbeimmobilien. Während dieser Zeit kann der Leasingnehmer den Vertrag in der Regel nicht vorzeitig kündigen. Daher sind die Handlungsspielräume für Leasingnehmer oft eingeschränkter als die für Mieter.

9.2.3 Was sind die Vor- und Nachteile des Immobilienleasings

Das Immobilienleasing bietet vor allem Unternehmen eine interessante Möglichkeit, den Kauf von Immobilien ohne Eigenkapital zu finanzieren. Besonders für junge Unternehmen ist dieses Konzept attraktiv, da es die Liquidität schont und es dem ermöglicht, das verfügbare Eigenkapital anderweitig zu investieren. Ein weiterer Vorteil ist die steuerliche Absetzbarkeit der Leasingrate als Betriebsausgabe. Zudem stellt die Leasingrate eine fixe Kostennote dar, die eine langfristige Planungssicherheit garantiert. Es ist jedoch ratsam, dass insbesondere junge und kleine Unternehmen sowie Mittelständler sorgfältig abwägen und sich über alle Vor- und Nachteile des Immobilienleasings informieren, bevor sie sich dafür entscheiden.

Während das Immobilienleasing für gewerbliche Nutzer eine attraktive Alternative zu traditionellen Krediten darstellt, ist es für die Finanzierung eines privaten Immobilienkaufes weniger geeignet. Dies liegt unter anderem daran, dass das Investitionsvolumen in der Regel bei mindestens zwei bis drei Millionen Euro liegt. Zudem müssen private Leasingnehmer nicht nur die Leasingrate, sondern auch andere laufende Kosten wie Reparaturen und Instandhaltungen tragen, obwohl ihnen die Immobilie (noch) nicht gehört.

Ein weiterer Nachteil für den Leasingnehmer ist, dass das Leasingobjekt nach Ablauf des Leasingzeitraums in den Besitz des Leasinggebers zurückgeht, es sei denn, es wurde zuvor eine Kaufoption zum Restwert vereinbart. Selbst wenn der Leasingnehmer zunächst einen Kredit aufnehmen müsste, um die Immobilie zu kaufen, wäre diese Option insgesamt kostengünstiger.

Das Leasing von Immobilien birgt darüber hinaus weitere Risiken. Beispielsweise bleibt die geleaste Immobilie während der gesamten Vertragslaufzeit im Besitz des Leasinggebers. Da der Leasingnehmer während der

Grundmietzeit den Vertrag nicht vorzeitig kündigen kann, könnte die Leasingrate zu einer Belastung werden, falls das leasende Unternehmen in finanzielle Schwierigkeiten gerät. Wenn der Leasingnehmer nicht mehr in der Lage ist, die Rate zu zahlen, kann der Leasinggeber den Vertrag fristlos kündigen und unter Umständen Schadensersatz verlangen.

9.3 Stille Teilhaberschaft bei Immobilienvorhaben

Ein stiller Teilhaber ist eine Person oder auch eine Organisation, die Eigenkapital in ein Immobilienprojekt investiert, aber keine aktive Rolle im Management oder in den Entscheidungsprozessen des Projekts spielt. Im Wesentlichen stellt der stille Teilhaber Kapital zur Verfügung, um das Projekt zu finanzieren, und erwartet im Gegenzug eine Beteiligung an den Gewinnen oder eine festgelegte Verzinsung seines Kapitals.

In der Praxis vereinbaren Unternehmen oft mit ihren stillen Teilhabern, dass diese am unternehmerischen Risiko und an der Weiterentwicklung des Unternehmens beteiligt sind. Dadurch erhalten sie Kontroll- und Mitspracherechte, was sie steuerlich als Mitgesellschafter qualifiziert. Diese Form der stillen Beteiligung ist nicht nur bei Unternehmen üblich, sondern findet auch im privaten Immobilienbereich Anwendung. Ein stiller Teilhaber könnte beispielsweise notwendige Umbaumaßnahmen finanzieren und sich im Gegenzug eine Beteiligung an der Immobilie sichern. Die Bedingungen dieser Finanzierungsform werden in einem notariell beurkundeten Vertrag festgehalten, um allen Beteiligten ein Höchstmaß an Sicherheit zu bieten.

9.3.1 Wie funktioniert die stille Teilhaberschaft?

Ein stiller Teilhaber ist ein Investor, der größere finanzielle Mittel in Unternehmen oder Immobilien investiert. Als Gegenleistung erhält er Vergütungen in Form von Zinsen, Gewinnbeteiligungen oder, wie beim Teilverkauf, Nutzungsentgelten.

Bei einer Immobilienfinanzierung wird der stille Teilhaber als Miteigentümer im Grundbuch eingetragen, überlässt jedoch die Nutzung der Immobilie und die Entscheidungen über Umbauarbeiten dem ursprünglichen Eigentümer. Dies geschieht durch die Eintragung eines Nießbrauchsrechts im Grundbuch. Die Möglichkeit, finanzielle Mittel durch einen stillen Teilhaber zu beschaffen, stellt für viele eine attraktive Alternative zu herkömmlichen Darlehen dar.

9.3.2 Eine stille Beteiligung hat Vor- und Nachteile

Eine stille Beteiligung bei der Immobilienfinanzierung oder -entwicklung bringt sowohl Vor- als auch Nachteile mit sich, die sorgfältig gegeneinander abgewogen werden müssen:

Vorteile der stillen Teilhaberschaft
- **Finanzielle Unterstützung:** Ein stiller Teilhaber leistet seinen Beitrag dazu, Kapital für den Kauf, die Entwicklung oder Modernisierung einer Immobilie bereitzustellen, insbesondere dann, wenn der Eigentümer nicht über ausreichend Eigenkapital verfügt
- **Flexibilität bei der Nutzung:** Der Eigentümer behält die Kontrolle über die Nutzung der Immobilie, auch wenn ein stiller Teilhaber beteiligt ist. Dies ermöglicht es dem Eigentümer, die Immobilie nach seinen Bedürfnissen zu nutzen und zu verwalten, ohne von den Entscheidungen Dritter abhängig zu sein.
- **Teilung von Risiken:** Durch die Beteiligung eines stillen Teilhabers können Risiken und finanzielle Belastungen auf mehrere Schultern verteilt werden.
- **Zusätzliche Ressourcen:** Der stille Teilhaber kann auch Know-how, Erfahrung oder Ressourcen in die Immobilienentwicklung einbringen, was dem Eigentümer zugutekommen kann.

Mögliche Nachteile der stillen Teilhabe
- **Kosten und Verpflichtungen:** Der Eigentümer muss regelmäßige Zahlungen an den stillen Teilhaber leisten, wie beispielsweise eine Beteiligung am Gewinn oder Zinsen auf das eingesetzte Kapital.

- **Möglicher Verlust an Kontrolle:** Obwohl der Eigentümer die Nutzung der Immobilie kontrolliert, kann ein stiller Teilhaber unter bestimmten Bedingungen Mitspracherechte haben, wenn es beispielsweise um wichtige Entscheidungen wie den Verkauf der Immobilie geht.
- **Komplexität der Vereinbarungen:** Die Ausarbeitung einer stillen Beteiligungsvereinbarung erfordert rechtliche und finanzielle Fachkenntnisse, damit die Interessen aller Parteien angemessen berücksichtigt werden.
- **Potenzielle Spannungen:** Unterschiedliche Erwartungen und Interessen zwischen dem Eigentümer und dem stillen Teilhaber könnten zu Konflikten führen, wenn es um finanzielle Entscheidungen oder die Entwicklung der Immobilie geht.

Insgesamt kann eine stille Beteiligung eine sinnvolle und vielversprechende Möglichkeit sein, Kapital für die Immobilienfinanzierung oder -entwicklung zu beschaffen.

9.3.3 Immobilienfinanzierung über Förderungen und Zuschüsse

Förderprogramme und Zuschüsse können einen erheblichen finanziellen Beitrag zur Immobilienfinanzierung leisten, indem sie einen Teil der Kosten übernehmen oder Zuschüsse für bestimmte Projekte bereitstellen. Es gibt eine große Anzahl ganz unterschiedlicher Förderungen – viele davon sind vor allem auf energetische Bauvorhaben fokussiert oder fördern eine nachhaltige Immobilienentwicklung. Ein wichtiger Akteur ist hier die KfW-Bank, die zinsgünstige Kredite bereitstellt. Die KfW bietet eine Vielzahl von Förderprogrammen für den Bau, den Kauf oder die Sanierung von Immobilien an.

Darüber hinaus existieren auch regionale Förderprogramme. Viele Städte und Gemeinden bieten eigene Förderprogramme und Zuschüsse für Immobilienprojekte an, die je nach Standort und Bedarf unterschiedlich ausgestaltet sein können.

Förderprogramme wie das BAFA-Programm (Bundesamt für Wirtschaft und Ausfuhrkontrolle) unterstützen Investitionen in Energieeffizienzmaßnahmen wie die Installation von Solaranlagen, Wärmedämmung oder den Austausch alter Heizungsanlagen.

Für die Sanierung und den Erhalt von denkmalgeschützten Gebäuden gibt es ebenfalls spezielle Förderprogramme und Zuschüsse auf nationaler und regionaler Ebene.

Ihr Transfer in die Praxis

- Beim Mietkauf zahlen die späteren Eigentümer sowohl Mieten als auch Kaufraten
- Das Immobilienleasing ist vor allem für Gewerbetreibende sinnvoll
- Eine stille Teilhaberschaft ist attraktiv für allem, die Finanzierungslücken schließen und trotzdem nicht ihr Entscheidungsrecht teilen wollen
- Es lohnt sich, staatliche Förderungen für die Immobilienfinanzierung zu nutzen.

10

Alternative Sicherheiten und Absicherungen bei der Immobilienfinanzierung

> **Was Sie aus diesem Kapitel mitnehmen**
> - Welche Sicherheiten es für eine Immobilienfinanzierung gibt
> - Was für Sicherheiten aus den eigenen Vermögenswerten hinterlegt werden können
> - Welche unkonventionellen Formen der Absicherung es gibt

Bei einer klassischen Bankenfinanzierung aber auch alternativer Finanzierungslösungen werden neben dem Eigenkapital in aller Regel auch verfügbare Vermögenswerte als Sicherheit berücksichtigt. Dabei gilt als Sicherheit, was bestimmte Kriterien erfüllen kann. Eines dieser Kriterien ist ein stabiler Wert. Die Sicherheit sollte während der Kreditlaufzeit möglichst stabil im Wert bleiben oder nur geringfügig an Wert verlieren. Außerdem sollte eine einfache Bewertung der Vermögenswerte erfolgen können. Im Falle eines Zahlungsausfalls des Kreditnehmers sollte die Sicherheit schnell und einfach auf dem Markt verkauft werden können, um die offenen Forderungen zu decken. Außerdem sollte die Sicherheit weitgehend unabhängig von wirtschaftlichen Schwankungen sein und keine negativen Auswirkungen auf die finanzielle Lage des Kreditnehmers haben. Die Erfüllung dieser Kriterien kann die Wahrscheinlichkeit erhöhen, dass die Bank bzw. der Kreditgeber die vorgeschlagenen Sicherheiten akzeptiert und den Kredit genehmigt.

10.1 Sicherheiten aus den eigenen Vermögenswerten

Bei den banküblichen Sicherheiten handelt es sich um Vermögensbestandteile und Vermögensübertragungen, die von Banken akzeptiert werden.

Übliche Sicherheiten
- **Grundschulden:** Dabei handelt es sich um ein dingliches Recht, das es einem Gläubiger ermöglicht, aus dem Grundstück des Schuldners bedient zu werden.
- **Hypotheken:** Eine Belastung von Immobilien, die der Bank als Sicherheit dient.
- **Selbstschuldnerische Bürgschaften:** Eine Bürgschaft, bei der der Bürge direkt in Anspruch genommen werden kann, ohne dass zuvor der Hauptschuldner zahlungsunfähig sein muss.
- **Sonstige private Ausfallbürgschaften:** Bürgschaften von Privatpersonen für Kredite oder Verbindlichkeiten.
- **Lebensversicherungen:** Kapitallebensversicherungen mit hohen Rückkaufswerten dienen als Sicherheit.
- **Bausparverträge:** Sparverträge, die zur Finanzierung von Bau- oder Kaufvorhaben verwendet werden können.
- **Festgelder, Sparguthaben, Sparbriefe:** Einlagen auf Konten oder Sparprodukten bei der Bank.
- **Festverzinsliche Wertpapiere und Aktien:** Wertpapiere, die als Sicherheit hinterlegt werden können.
- **Sicherungsübereignung von Maschinen, Geräten, Einrichtungen, Fahrzeugen, Warenlagern:** Die Übereignung von beweglichem Vermögen als Sicherheit für Kredite.
- **Forderungsabtretungen:** Die Abtretung von Forderungen des Schuldners an den Gläubiger als Sicherheit. Das können Einzel-, Mantel- oder Globalabtretungen sein.

10.2 Unkonventionelle Formen der Absicherung

Neben den bankenüblichen Sicherheiten werden manchmal auch zur Absicherung eines Immobilienvorhabens eher unkonventionelle Formen der Absicherung genutzt.

- **Kunstwerke und Sammlungen:** Seltene Kunstwerke, Antiquitäten oder Sammlungen können als Sicherheiten dienen, insbesondere wenn sie einen beträchtlichen Wert haben. Allerdings kann die Bewertung solcher Vermögenswerte schwierig sein, was dazu führen kann, dass sie von Banken weniger akzeptiert werden.
- **Geistiges Eigentum:** Patente, Markenrechte, Urheberrechte und andere Formen geistigen Eigentums können als Sicherheiten dienen. Diese Art von Sicherheiten kann jedoch schwierig zu bewerten sein und ist daher nicht für alle Arten von Krediten geeignet.
- **Zukünftige Einnahmen:** Bei Geschäfts- oder Projektfinanzierungen können zukünftige Einnahmen als Sicherheit dienen. Dies kann beispielsweise durch die Abtretung von Zahlungsströmen aus Verträgen oder Lizenzgebühren erfolgen. Diese Art der Sicherheit kann jedoch risikoreich sein und erfordert eine genaue Bewertung der zukünftigen Einnahmenpotenziale.
- **Wagniskapitalbeteiligungen:** In einigen Fällen können Wagniskapitalbeteiligungen oder Beteiligungen an Start-ups oder anderen risikoreichen Unternehmen als Sicherheiten dienen. Diese Art der Sicherheit ist jedoch hochspekulativ und wird von traditionellen Banken in aller Regel nicht akzeptiert.
- **Persönliche Vermögenswerte:** Einige Kreditgeber akzeptieren persönliche Vermögenswerte wie Schmuck, Luxusuhren oder hochwertige Elektronik als Sicherheiten. Diese Art der Sicherheit kann jedoch aufgrund ihres begrenzten Wiederverkaufswerts und der Schwierigkeit bei der Bewertung weniger häufig akzeptiert werden.
- **Globalzession:** Bei einer Globalzession werden sämtliche Forderungen des Kreditnehmers gegenüber Dritten als Sicherheit für den Kredit verwendet. Dies ermöglicht es dem Kreditgeber, im Falle eines Zahlungsausfalls des Kreditnehmers auf die gesamten Forderungen zuzugreifen.

Ihr Transfer in die Praxis

- Bei einer klassischen Bankenfinanzierung legen Banken strenge Kriterien fest wie Stabilität, Unabhängigkeit von wirtschaftlichen Schwankungen oder schnelle Bewertbarkeit
- Zu den bankenüblichen Sicherheiten gehören Hypotheken, Lebensversicherungen oder festverzinsliche Wertpapiere
- Unkonventionelle Sicherheiten sind beispielsweise geistiges Eigentum, Kunstwerke oder auch persönliche Vermögenswerte

11

Bewertung der Risiken und Vorsichtsmaßnahmen bei der Immobilienfinanzierung

Was Sie aus diesem Kapitel mitnehmen
- Warum eine Risikobewertung gerade bei einer alternativen Immobilienfinanzierung wichtig ist
- Welche Möglichkeiten der Bewertung von Risiken es gibt
- Wie man eine Immobilienfinanzierung absichern kann

Die Entscheidung für eine Immobilienfinanzierung wird meistens mittel- oder langfristig getroffen und hat oftmals einen sehr großen Einfluss auf viele Lebens- und Geschäftsbereiche. Außerdem muss immer bedacht werden, dass während dieser Zeit verschiedene Ereignisse eintreten können: berufliche Veränderungen, der Verlust des Arbeitsplatzes, unvorhergesehene Schäden an der Immobilie oder sogar der Tod eines der Kreditnehmer. Jede dieser Situationen kann zu finanziellen Herausforderungen führen, die in die Bewertung möglicher Risiken einbezogen werden können. Es ist wichtig, die Risiken bei der Aufnahme einer Finanzierung nicht zu unterschätzen, gerade dann, wenn es sich um alternative Finanzierungsmethoden handelt. Es gibt jedoch verschiedene Möglichkeiten, sich gegen diese Risiken abzusichern.

11.1 Bewertung der Risiken bei alternativen Finanzierungsmethoden

Die Risikobewertung bei einer traditionellen Immobilienfinanzierung erfolgt in der Regel durch die Bank oder das Finanzinstitut, das den Kredit vergibt. Dabei werden verschiedene Faktoren berücksichtigt, um das Risiko für den Kreditgeber zu bewerten. Zu diesen Faktoren gehören die Bonität des Kreditnehmers (Kredit-Scores, Einkommensnachweise, Beschäftigungshistorie etc.), der Beleihungswert der Immobilie, das Eigenkapital des Kreditnehmers und die vorhandenen Sicherheiten.

Bei alternativen Finanzierungslösungen für Immobilien ist es wichtig, das Risiko sorgfältig zu bewerten, da diese oft mit spezifischen Herausforderungen verbunden sind. Wichtig ist hier eine sorgfältige Prüfung aller Vertragsbedingungen und Vereinbarungen, die mit der alternativen Finanzierungslösung verbunden sind. Auch die Flexibilität spielt eine wichtige Rolle. Bei einer alternativen Finanzierungslösung ist es wichtig, dass sich diese an die sich ändernden Bedürfnisse und Umstände anpassen kann. Dazu können beispielsweise eine Anpassung der Ratenzahlungen oder die Möglichkeit von Verlängerungen oder Kündigungen sein.

Zur Absicherung ist eine Einschätzung des Risikoprofils des Finanzierungsgebers oder Partners wichtig, der die alternative Finanzierung bereitstellt. Es sollte auch eine gründliche Bewertung der Immobilie erfolgen, die als Sicherheit für die Finanzierung dient. Es sollte eine Überprüfung des Immobilienwerts, des Zustands, der Standortfaktoren und anderer relevanter Aspekte erfolgen.

Schlussendlich sollte immer eine Konsultation von Fachleuten wie Finanzberatern, Rechtsberatern oder Immobilienexperten erfolgen, um eine fundierte Entscheidung zu treffen und potenzielle Risiken zu identifizieren.

11.2 Due Diligence und vertragliche Absicherung bei der Immobilienfinanzierung

Während einer Due Diligence wird eine Immobilie in finanzieller, rechtlicher, steuerlicher und technischer Hinsicht gründlich geprüft, um mögliche Risiken zu bewerten und auszuschließen. Das Hauptziel ist die Be-

11 Bewertung der Risiken und Vorsichtsmaßnahmen bei der ...

wertung von Risiken, wie beispielsweise Haftungsrisiken, sowie die Einschätzung der Angemessenheit des Kaufpreises. Bei der Due Diligence werden verschiedene Teilbereiche analysiert:

- **Financial Due Diligence:** Diese beinhaltet die Zusammenstellung und Aufbereitung aller finanziellen Daten der Immobilie sowie die Analyse von Erträgen, Kosten, Chancen und Risiken. Auch der prognostizierte Wert des Objekts wird ermittelt, oft mittels Discounted-Cashflow-Verfahren.
- **Legal Due Diligence:** Hier werden Miet- und Pachtverträge, Grundbuchdaten, Versicherungsverhältnisse und andere Verträge sowie Pflichten geprüft.
- **Tax Due Diligence:** Diese umfasst die Analyse der verschiedenen Steuerarten, die beim Immobilienerwerb anfallen können, um steuerliche Risiken zu identifizieren.
- **Technical Due Diligence:** Ziel ist es, den technischen Zustand der Immobilie zu ermitteln und Risiken, die sich aus dem Bau oder dem Brandschutz ergeben können, zu identifizieren. Dazu gehören Objektbesichtigungen durch Spezialisten wie Architekten und Bauingenieure.
- **Environmental Due Diligence:** Hier werden Umweltfragen über den gesamten Lebenszyklus der Immobilie hinweg geprüft, von Planung und Bau bis hin zur Nutzung und zum Verkauf. Dabei werden umwelttechnische Aspekte wie Emissionen, Wasserversorgung, Altlasten und geologische Untersuchungen berücksichtigt.

Diese verschiedenen Teilbereiche der Due Diligence ermöglichen eine umfassende Bewertung der Immobilie und tragen dazu bei, potenzielle Risiken zu erkennen und sie auf lange Sicht zu minimieren.

Ihr Transfer in die Praxis

- Bei alternativen Immobilienfinanzierungen ist eine vorherige Prüfung und Absicherung besonders wichtig
- Experten können bei der Absicherung unterstützen
- Im Rahmen der Due Diligence wird die Immobilie in finanzieller, rechtlicher, steuerlicher und technischer Hinsicht geprüft

Schluss

Die Immobilienfinanzierung steht heute zahlreichen Herausforderungen gegenüber. Dazu gehören im Kern die steigende Volatilität und Unsicherheit auf den Finanzmärkten, das stark veränderte Zinsumfeld sowie die sich wandelnde regulatorische Landschaft. Durch die Weiterentwicklung der internationalen Bankenregulierung Basel IV steigen zusätzlich die Anforderungen an das Eigenkapital das in die Immobilienfinanzierung eingebracht werden muss. Durch alternative Formen der Immobilienfinanzierung ist es aber möglich, die Eigenkapitalquote zu reduzieren.

Wichtig sind bei jeder Finanzierung die Strukturierung und die Auswahl geeigneter Partner, damit ein solides Fundament entsteht. Zu den alternativen Finanzierungslösungen gehören Kooperationen mit Bridge Finanzierern, die eine Brückenfinanzierung ermöglichen, wenn es aktuell an Eigenkapital fehlt. Daneben können auch verschiedene Darlehensmöglichkeiten geprüft werden wie Hypothekendarlehen oder Crowdfunding. Eine besondere Rolle nimmt hier die Nachrangfinanzierung ein, bei der die Grundschuld des Kreditgebers nachrangig im Grundbuch eingetragen wird. Schlussendlich können auch Beteiligungen und Partnerschaften Lücken in der Immobilienfinanzierung schließen.

Schluss

Insbesondere alternative Immobilienfinanzierungen sollten gut auf ihre Risiken geprüft und abgesichert werden. Neben der klassischen bankenüblichen Absicherung mit Lebensversicherungen oder Hypotheken stehen auch unkonventionellere Absicherungsmöglichkeiten zur Wahl wie geistiges Eigentum oder zukünftige Vermögenswerte. Die Bewertung der Risiken und der Absicherung erfolgt dann abschließend durch die Due Diligence.

SPRINGER NATURE

GPSR Compliance

The European Union's (EU) General Product Safety Regulation (GPSR) is a set of rules that requires consumer products to be safe and our obligations to ensure this.

If you have any concerns about our products, you can contact us on ProductSafety@springernature.com

In case Publisher is established outside the EU, the EU authorized representative is:

Springer Nature Customer Service Center GmbH
Europaplatz 3
69115 Heidelberg, Germany

The manufacturer's authorised representative in the EU is Springer
Nature Customer Service Centre GmbH, Europaplatz 3, 69115 Heidelberg,
Germany. If you have any concerns regarding our products, please
contact ProductSafety@springernature.com

Printed and bound by CPI Group (UK) Ltd, Croydon, CR0 4YY
26/03/2026
02078933-0005